春秋左傳

（第三册）

电子科技大学出版社

第三册目録

春秋左傳

昭公中

九年春叔弓會楚子于陳

九年春叔弓宋華亥鄭游吉衞趙黶會楚子于陳

許遷于夷

二月庚申楚公子弃疾遷許于夷實城父取州來淮北之田以益之伍舉授許男田然丹遷城父人於陳以夷濮西田益之遷方城外人于許

辭命帶議論規模正大而語亦勁淨

此語絶工隋然在今時亦且為陳

○周甘人與晉閻嘉爭閻田晉梁丙張趯率陰戎伐潁王使詹桓伯辭於晉曰我自夏以后稷魏駘芮岐畢吾西土也及武王克商蒲姑商奄吾東土也巴濮楚鄧吾南土也肅愼燕亳吾北土也吾何邇封之有文武成康之建母弟以蕃屏周亦其廢隊是爲豈如弁髦而因以敝之先王居檮杌于四裔以禦螭魅故允姓之姦居于瓜州伯父惠公歸自秦而誘以來使偪我諸姬入我郊甸則戎焉取之戎有中國誰之咎也后稷

封殖天下今戎制之不亦難乎伯父圖之我在伯父猶衣服之有冠冕木水之有本原民人之有謀主也伯父若裂冠毀冕拔本塞源專弃謀主雖戎狄其何有余一人叔向謂宣子曰文之伯也豈能改物翼戴天子而加之以共自文以來世有衰德而暴滅宗周以宣示其侈諸侯之貳不亦宜乎且王辭直子其圖之宣子說王有姻喪使趙成如周弔且致閻田與襚反穎俘王亦使賓滑執甘大夫襄以說於晉晉人禮而歸

昔人謂叙中
生事在內否

之

夏四月陳災

夏四月陳災鄭裨竈曰五年陳將復封封五十二年而遂亡子產問其故對曰陳水屬也火水妃也而楚所相也今火出而火陳逐楚而建陳也妃以五成故曰五年歲五及鶉火而後陳卒亡楚克有之天之道也故曰五十二年

○晉荀盈如齊逆女還六月卒于戲陽殯于絳未葬晉侯飲酒樂膳宰屠蒯趨入請佐公使尊許

如檠弓然彼猶可相俯仰此章則真不如遠甚

此兩段頂針排語益可厭

过

之而遂酌以飲工曰女爲君耳將司聰也辰在子卯謂之疾日君徹宴樂學人舍業爲疾故也君之卿佐是謂股肱股肱或虧何痛如之女不聞而樂是不聰也又飲外嬖嬖叔曰女爲君目將司明也服以旌禮禮以行事事有其物物有其容今君之容非其物也而女不見是不明也亦自飲也曰味以行氣氣以實志志以定言言以出令臣實司味二御失官而君弗命臣之罪也公說徹酒初公欲廢知氏而立其外嬖爲是

悛而止秋八月使荀躒佐下軍以説焉

秋仲孫貜如齊

孟僖子如齊殷聘禮也

冬築郎囿

冬築郎囿書時也季平子欲其速成也叔孫昭子曰詩曰經始勿亟庶民子來焉用速成其以勦民也無囿猶可無民其可乎

十年春王正月

○十年春王正月有星出于婺女鄭裨竈言於子

亦有悅然來
曲盡情態

產曰七月戊子晉君將死今兹歲在顓頊之虛姜氏任氏實守其地居其維首而有妖星焉告邑姜也邑姜晉之妣也天以七紀戊子逢公以登星斯於是乎出吾是以譏之

夏齊欒施來奔

齊惠欒高氏皆耆酒信內多怨彊於陳鮑氏而惡之夏有告陳桓子曰子旗子良將攻陳鮑亦告鮑氏桓子授甲而如鮑氏遭子良醉而騁遂見文子則亦授甲矣使視二子則皆將飲酒桓

戰事不詳

子曰彼雖不信聞我授甲則必逐我及其飲酒
也先伐諸陳鮑方睦遂伐欒高氏子良曰先得
公陳鮑焉往遂伐虎門晏平仲端委立于虎門
之外四族召之無所往其徒曰助陳鮑乎曰何
善焉助欒高乎曰庸愈乎然則歸乎曰君伐焉
歸公召之而後入公卜使王黑以靈姑銔率吉
請斷三尺焉而用之五月庚辰戰于稷欒高敗
又敗諸莊國人追之又敗諸鹿門欒施高彊來
奔陳鮑分其室晏子謂桓子必致諸公讓德之

此下碎叙亦
錯落不板
其邑與之五
變前句

主也讓之謂懿德凡有血氣皆有爭心故利不
可強思義爲愈義利之本也蘊利生孽姑使無
蘊乎可以滋長桓子盡致諸公而請老于莒桓
子召子山私具幄幕器用從者之衣屨而反棘
焉子商亦如之而反其邑子周亦如之而與之
夫于反子城子公公孫捷而皆益其祿凡公子
公孫之無祿者私分之邑國之貧約孤寡者私
與之粟曰詩云陳錫載周能施也桓公是以霸
公與桓子莒之旁邑辭穆孟姬爲之請高唐陳

頓挫 約

氏始大

秋七月季孫意如叔弓仲孫貜帥師伐莒

秋七月平子伐莒取郠獻俘始用人於亳社臧武仲在齊聞之曰周公其不饗魯祭乎周公饗義魯無義詩曰德音孔昭視民不恌恌之謂甚矣而壹用之將誰福哉

戊子晉侯彪卒

戊子晉平公卒鄭伯如晉及河晉人辭之游吉遂如晉

九月叔孫婼如晉葬晉平公

九月叔孫婼齊國弱宋華定衞北宮喜鄭罕虎許人曹人莒人邾人滕人薛人杞人小邾人如晉葬平公也鄭子皮將以幣行子產曰喪焉用幣用幣必百兩百兩必千人千人至將不行不行必盡用之幾千人而國不亡子皮固請以行既葬諸侯之大夫欲因見新君叔孫昭子曰非禮也弗聽叔向辭之曰大夫之事畢矣而又命孤孤斬焉在衰絰之中其以嘉服見則喪禮未

不甚工

畢其以喪服見是重受弔也大夫將若之何皆無辭以見子皮盡用其幣歸謂子羽曰非知之實難將在行之夫子知之矣我則不足書曰欲敗度縱敗禮我之謂矣夫子知度與禮矣我實縱欲而不能自克也昭子至自晉大夫皆見高彊見而退昭子語諸大夫曰爲人子不可不愼也哉昔慶封亡子尾多受邑而稍致諸君君以爲忠而甚寵之將死疾于公宮輦而歸君親推之其子不能任是以在此忠爲令德其子弗能

事可記

任罪猶及之難不慎也喪夫人之力弃德曠宗以及其身不亦害乎詩曰不自我先不自我後其是之謂乎

十有二月甲子宋公成卒

冬十二月宋平公卒初元公惡寺人柳欲殺之及喪柳熾炭于位將至則去之比葬又有寵

十有一年春王二月叔弓如宋葬宋平公

十一年春王二月叔弓如宋葬平公也

夏四月丁巳楚子虔誘蔡侯般殺之于申楚公子

弃疾帥師圍蔡

景王問於萇弘曰今茲諸侯何實吉何實凶對曰蔡凶此蔡侯般弒其君之歲也歲在豕韋弗過此矣楚將有之然壅也歲及大梁蔡復楚凶天之道也楚子在申召蔡靈侯靈侯將往蔡大夫曰王貪而無信唯蔡於感今幣重而言甘誘我也不如無往蔡侯不可三月丙申楚子伏甲而饗蔡侯於申醉而執之夏四月丁巳殺之刑其士七十人公子弃疾帥師圍蔡韓宣子問於

論亦勁暢然未極精妙之致

不甚快

叔向曰楚其克乎對曰克哉蔡侯獲罪於其君而不能其民天將假手於楚以斃之何故不克然肸聞之不信以幸不可再也楚王奉孫吳以討於陳曰將定而國陳人聽命而遂縣之今又誘蔡而殺其君以圍其國雖幸而克必受其咎弗能久矣桀克有緡以喪其國紂克東夷而隕其身楚小位下而亟暴於二王能無咎乎天之假助不善非祚之也厚其凶惡而降之罰也且譬之如天其有五材而將用之力盡而敝之是

以無拯不可沒振

五月甲申夫人歸氏薨　大蒐于比蒲

五月齊歸薨大蒐于比蒲非禮也

仲孫貜會邾子盟于祲祥

孟僖子會邾莊公盟于祲祥脩好禮也泉丘人有女夢以其帷幕孟氏之廟遂奔僖子其僚從之盟于淸丘之社曰有子無相弃也僖子使助薳氏之簉反自祲祥宿于薳氏生懿子及南宮敬叔於泉丘人其僚無子使字敬叔

意略具語不甚精

秋季叔意如會晉韓起齊國弱宋華亥衛北宮佗鄭罕虎曹人杞人于厥憖

楚師在蔡晉荀吳謂韓宣子曰不能救陳又不能救蔡物以無親晉之不能亦可知也已爲盟主而不恤亡國將焉用之秋會于厥憖謀救蔡也鄭子皮將行子產曰行不遠不能救蔡也蔡小而不順楚大而不德天將棄蔡以壅楚盈而罰之蔡必亡矣且喪君而能守者鮮矣三年王其有咎乎美惡周必復王惡周矣晉人使狐父

迂而之哉

請蔡于楚弗許

○單子會韓宣子于戚視下言徐叔向曰單子其將死乎朝有著定會有表衣有禬帶有結會朝之言必聞于表著之位所以昭事序也視不過結禬之中所以道容貌也言以命之容貌以明之失則有闕今單子爲王官伯而命事於會視不登帶言不過步貌不道容而言不昭矣不道不共不昭不從無守氣矣

九月己亥葬我小君齊歸

九月葬齊歸公不慼晉士之送葬者歸以語史趙史趙曰必爲魯郊侍者曰何故曰歸姓也不思親祖不歸也叔向曰魯公室其卑乎君有大喪國不廢蒐有三年之喪而無一日之慼國不恤喪不忌君也君無慼容不顧親也國不忌君君不顧親能無卑乎殆其失國

冬十有一月丁酉楚師滅蔡執蔡世子有以歸用之

冬十一月楚子滅蔡用隱大子于岡山申無宇

用事多而不勝骨

曰不祥五牲不相爲用況用諸侯乎王必悔之

○十二月單成公卒、

○楚子城陳蔡不羹使弃疾爲蔡公王問於申無宇曰弃疾在蔡何如對曰擇子莫如父擇臣莫如君鄭莊公城櫟而寘子元焉使昭公不立齊桓公城穀而寘管仲焉至于今賴之臣聞五大不在邊五細不在庭親不在外羇不在内今弃疾在外鄭丹在内君其少戒王曰國有大城何如對曰鄭京櫟實殺曼伯宋蕭亳實殺子游齊

曲盡意狀

渠丘實殺無知衛蒲戚實出獻公若由是觀之則害於國末大必折尾大不掉君所知也

十有二年春齊高偃帥師納北燕伯于陽

十二年春齊高偃納北燕伯款于唐因其衆也

三月壬申鄭伯嘉卒

三月鄭簡公卒將爲葬除及游氏之廟將毁焉子大叔使其除徒執用以立而無庸毁曰子産過女而問何故不毁乃曰不忍廟也諾將毁矣既如是子産乃使辟之司墓之室有當道者毁

之則朝而塴弗毀則日中而塴子大叔請毀之曰無若諸侯之賓何子産曰諸侯之賓能來會吾喪豈憚日中無損於賓而民不害何故不爲遂弗毀日中而葬君子謂子産於是乎知禮禮無毀人以自成也

夏宋公使華定來聘

夏宋華定來聘通嗣君也公享之爲賦蓼蕭弗知又不荅賦昭子曰必亡宴語之不懷寵光之不宣令德之不知同福之不受將何以在

公如晉至河乃復

齊侯衞侯鄭伯如晉朝嗣君也公如晉至河乃復取鄆之役莒人愬于晉晉有平公之喪未之治也故辭公公子慭遂如晉晉侯享諸侯子産相鄭伯辭於享請免喪而後聽命晉人許之禮也晉侯以齊侯宴中行穆子相投壺晉侯先穆子曰有酒如淮有肉如坻寡君中此爲諸侯師中之齊侯舉矢曰有酒如澠有肉如陵寡人中此與君代興亦中之伯瑕謂穆子曰子失辭吾

固師諸侯矣壺何爲焉其以中儁也齊君弱吾
君歸弗來矣穆子曰吾軍帥彊禦卒乘競勸今
猶古也齊將何事公孫傁趨進曰日旰君勤可
以出矣以齊侯出

頓挫○句○

五月葬鄭簡公

六月葬鄭簡公

楚殺其大夫成熊

楚子謂成虎若敖之餘也遂殺之或譖成虎於
楚子成虎知之而不能行書曰楚殺其大夫成

虎懷寵也

秋七月

○晉荀吳僞會齊師者假道於鮮虞遂入昔陽秋

八月壬午滅肥以肥子緜皐歸

○周原伯絞虐其輿臣使曹逃冬十月壬申朔原

輿人逐絞而立公子跪尋絞奔郊

○甘簡公無子立其弟過過將去成景之族成景

之族賂劉獻公丙申殺甘悼公而立成公之孫

鰌丁酉殺獻大子之傅庾皮之子過殺瑕辛于

敘瑣事亦入細第尚未脫鍊

市及宮嬖綽王孫沒劉州鳩陰忌老陽子
冬十月公子慭出奔齊
季平子立而不禮於南蒯南蒯謂子仲吾出季
氏而歸其室於公子更其位我以費爲公臣子
仲許之南蒯語叔仲穆子且告之故季悼子之
卒也叔孫昭子以再命爲卿及平子伐莒克之
更受三命叔仲子欲構二家謂平子曰三命踰
句不明
父兄非禮也平子曰然故使昭子昭子曰叔孫
氏有家禍殺適立庶故婼也及此若因禍以斃

似誦似謌

之則聞命矣若不廢君命則固有著矣昭子朝
而命吏曰婼將與季氏訟書辭無頗季孫懼而
歸罪於叔仲子故叔仲小南蒯公子慭謀季氏
慭告公而遂從公如晉南蒯懼不克以費叛如
齊子仲還及衞聞亂逃介而先及郊聞費叛遂
奔齊南蒯之將叛也其鄉人或知之過之而歎
且言曰恤恤乎湫乎攸乎深思而淺謀邇身而
遠志家臣而君圖有人矣哉南蒯枚筮之遇坤
䷁之比䷇曰黃裳元吉以爲大吉也示子服惠

論易排句疊承自是左氏常套

伯曰卽欲有事何如惠伯曰吾嘗學此矣忠信之事則可不然必敗外彊內溫忠也和以率貞信也故曰黃裳元吉黃中之色也裳下之飾也元善之長也中不忠不得其色下不共不得其飾事不善不得其極外內倡和爲忠率事以信爲共供養三德爲善非此三者弗當且夫易不可以占險將何事也且可飾乎中美能黃上美爲元下美則裳參成可筮猶有闕也筮雖吉未也將適費飲鄉人酒鄉人或歌之曰我有圃生

纍而不喘亦
太直之風致

三節將順來
肅諷諫中間
更襍有襯帖
擣法儘完淨
究如一篇序
記文字
此等閑敘著
無緊要然猶

之杞乎從我者子乎去我者鄙乎倍其鄰者恥乎已乎已乎非吾黨之士乎平子欲使昭子逐叔仲小小聞之不敢朝昭子命吏謂小待政於朝曰吾不爲怨府

楚子伐徐

楚子狩于州來次于潁尾使蕩侯潘子司馬督囂尹午陵尹喜帥師圍徐以懼吳楚子次于乾谿以爲之援雨雪王皮冠秦復陶翠被豹舄執鞭以出僕析父從右尹子革夕王見之去冠被

鼎讓色臣在此

雜器有類

舍鞭與之語曰昔我先王熊繹與呂伋王孫牟燮父禽父並事康王四國皆有分我獨無有今吾使人於周求鼎以爲分王其與我乎對曰與君王哉昔我先王熊繹辟在荊山篳路藍縷以處草莽跋涉山林以事天子唯是桃弧棘矢以共禦王事齊王舅也晉及魯衞王母弟也楚是以無分而彼皆有今周與四國服事君王將唯命是從豈其愛鼎王曰昔我皇祖伯父昆吾舊許是宅今鄭人貪賴其田而不我與我若求之

四語簡峭

四句頓挫揚抑入四閒語更覺錯愕

補句

其與我乎對曰與君王哉周不愛鼎鄭敢愛田王曰昔諸侯遠我而畏晉今我大城陳蔡不羹賦皆千乘子與有勞焉諸侯其畏我乎對曰畏君王哉是四國者專足畏也又加之以楚敢不畏君王哉工尹路請曰君王命剝圭以爲鏚柲敢請命王入視之析父謂子革吾子楚國之望也今與王言如響國其若之何子革曰摩厲以須王出吾刃將斬矣王出復語左史倚相趨過王曰是良史也子善視之是能讀三墳五典八

索九丘對曰臣嘗問焉昔穆王欲肆其心周行天下將皆必有車轍馬跡焉祭公謀父作祈招之詩以止王心王是以獲沒於祗宮臣問其詩而不知也若問遠焉其焉能知之王曰子能乎對曰能其詩曰祈招之愔愔式昭德音思我王度式如玉式如金形民之力而無醉飽之心王揖而入饋不食寢不寐數日不能自克以及於難仲尼曰古也有志克己復禮仁也信善哉楚靈王若能如是豈其辱於乾谿

意好以隸句見致第微傷繁且太嬾四字句多

晉伐鮮虞

晉伐鮮虞因肥之役也

十有三年春叔弓帥師圍費

十三年春叔弓圍費弗克敗焉平子怒令見費人執之以爲囚俘冶區夫曰非也若見費人寒者衣之饑者食之爲之令主而共其乏困費來如歸南氏亡矣民將叛之誰與居邑若憚之以威懼之以怒民疾而叛爲之聚也若諸侯皆然費人無歸不親南氏將焉入矣平子從之費人

摠事同以敍事端所由起左氏擅場以長而此章尤錯落有節奏且字句俱淨又出之自然不費力尤爲妙

騰東

叛南氏

夏四月楚公子比自晉歸于楚弑其君虔于乾谿

楚公子弃疾殺公子比

楚子之爲令尹也殺大司馬薳掩而取其室及即位奪薳居田遷許而質許圍蔡洧有寵於王王之滅蔡也其父死焉王使與於守而行申之會越大夫戮焉王奪鬭韋龜中犨又奪成然邑而使爲郊尹蔓成然故事蔡公故薳氏之族及薳居許圍蔡洧蔓成然皆王所不禮也因羣喪

意好以隸句見致第微傷繁且点嫌四字句多

職之族啓越大夫常壽過作亂圍固城克息舟城而居之觀起之死也其子從在蔡事朝吳曰今不封蔡蔡不封矣我請試之以蔡公之命召子干子晳及郊而告之情强與之盟入襲蔡蔡公將食見之而逃觀從使子干食坎用牲加書而速行已徇於蔡曰蔡公召二子將納之與之盟而遣之矣將師而從之蔡人聚將執之辭曰失賊成軍而殺余何益乃釋之朝吳曰二三子若能死亡則如違之以待所濟若求安定則如

楚平因此敍事端所由起左氏每擅此長而此章尤錯落有節奏且字句俱淨又出之自然不費力尤為妙

滕某

與之以濟所欲且違上何適而可衆曰與之乃奉蔡公召二子而盟于鄧依陳蔡人以國楚公子比公子黑肱公子弃疾蔓成然蔡朝吴帥陳蔡不羮許葉之師因四族之徒以入楚及郊陳蔡欲爲名故請爲武軍蔡公知之曰欲速且役病矣請藩而已乃藩爲軍蔡公使須務牟與史猈先入因正僕人殺大子祿及公子罷敵公子比爲王公子黑肱爲令尹次于魚陂公子弃疾爲司馬先除王宮使觀從從師于乾谿而遂告

三波

之且曰先歸復所後者劓師及訾梁而潰王聞羣公子之死也自投于車下曰人之愛其子也亦如余乎侍者曰甚焉小人老而無子知擠于溝壑矣王曰余殺人子多矣能無及此乎右尹子革曰請待于郊以聽國人王曰衆怒不可犯也曰若入於大都而乞師於諸侯王曰皆叛矣曰若亡於諸侯以聽大國之圖君也王曰大福不再祇取辱焉然丹乃歸于楚王沿夏將欲入鄢芋尹無宇之子申亥曰吾父再奸王命王弗

寫情狀螃蠅

誅惠孰大焉君不可忍惠不可弃吾其從王乃求王遇諸棘圍以歸夏五月癸亥王縊于芋尹申亥氏申亥以其二女殉而葬之觀從謂子干曰不殺弃疾雖得國猶受禍也子干曰余不忍也子玉曰人將忍子吾不忍俟也乃行國每夜駭曰王入矣乙卯夜弃疾使周走而呼曰王至矣國人大驚使蔓成然走告子干子皙曰王至矣國人殺君司馬將來矣君若早自圖也可以無辱衆怒如水火焉不可爲謀又有呼而走至

者曰衆至矣二子皆自殺丙辰弃疾即位名曰熊居葬子干于訾實訾敖殺囚衣之王服而流諸漢乃取而葬之以靖國人使子旗爲令尹楚師還自徐吳人敗諸豫章獲其五帥平王封陳蔡復遷邑致羣賂施舍寛民宥罪舉職召觀從王曰唯爾所欲對曰臣之先佐開卜乃使爲卜尹使枝如子躬聘于鄭且致犫櫟之田事畢弗致鄭人請曰聞諸道路將命寡君以犫櫟敢請命對曰臣未聞命旣復王問犫櫟降服而對曰

忠是豫提完案
靈王妄語
五子神祀
精簡有致

臣過失命未之致也王執其手曰子毋勤姑歸不穀有事其告子也他年芋尹申亥以王柩告乃改葬之初靈王卜曰余尚得天下不吉投龜詬天而呼曰是區區者而不余畀余必自取之民患王之無厭也故從亂如歸初共王無冢適有寵子五人無適立焉乃大有事于羣望而祈曰請神擇於五人者使主社稷乃徧以璧見於羣望曰當璧而拜者神所立也誰敢違之既乃與巴姬密埋璧於大室之庭使五人齊而長入

并論子干遂及平王

雜而不精與國語相近

拜康王跨之靈王肘加焉子干子晳皆遠之平王弱抱而入再拜皆厭紐鬬韋龜屬成然焉且曰弃禮違命楚其危哉子干歸韓宣子問於叔向曰子干其濟乎對曰難宣子曰同惡相求如市賈焉何難對曰無與同好誰與同惡取國有五難有寵而無人一也有人而無主二也有主而無謀三也有謀而無民四也有民而無德五也子干在晉十三年矣晉楚之從不聞達者可謂無人族盡親叛可謂無主無釁而動可謂無

謀爲覊終世可謂無民亡無愛徵可謂無德王虐而不忌楚君子干涉五難以弒舊君誰能濟之有楚國者其弃疾乎君陳蔡城外屬焉苛慝不作盜賊伏隱私欲不違民無怨心先神命之國民信之芈姓有亂必季實立楚之常也獲神一也有民二也令德三也寵貴四也居常五也有五利以去五難誰能害之子干之官則右尹也數其貴寵則庶子也以神所命則又遠之其貴亡矣其寵弃矣民無懷焉國無與焉將何以

不甚浄錄

立宣子曰齊桓晉文不亦是乎對曰齊桓衛姬之子也有寵於僖有鮑叔牙賓須無隰朋以爲輔佐有莒衛以爲外主有國高以爲內主從善如流下善齊肅不藏賄不從欲施舍不倦求善不厭是以有國不亦宜乎我先君文公狐季姬之子也有寵於獻好學而不貳生十七年有士五人有先大夫子餘子犯以爲腹心有魏犫賈佗以爲股肱有齊宋秦楚以爲外主有欒郤狐先以爲內主亡十九年守志彌篤惠懷弃民民

敘事亦詳核
但不甚精采

從而與之獻無異親民無異望天方相晉將何以代文此二君者異於子干共有寵子國有奧主無施於民無援於外去晉而不送歸楚而不逆何以冀國

秋公會劉子晉侯齊侯宋公衛侯鄭伯曹伯莒子邾子滕子薛伯杞伯小邾子于平丘八月甲戌同盟于平丘公不與盟晉人執季孫意如以歸公至自會

晉成虒祁諸侯朝而歸者皆有貳心爲取郠故

示威

吳辭

子產太叔二人事夾帶敘

屠衛

晉將以諸侯來討叔向曰諸侯不可以不示威乃並徵會告于吳秋晉侯會吳子于良水道不可吳子辭乃還七月丙寅治兵于邾南甲車四千乘羊舌鮒攝司馬遂合諸侯于平丘子產子大叔相鄭伯以會子產以幄幕九張行子大叔以四十既而悔之每舍損焉及會亦如之次于衛地叔鮒求貨於衛淫芻蕘者衛人使屠伯饋叔向羹與一篋錦曰諸侯事晉未敢攜貳況衛在君之宇下而敢有異志芻蕘者異於他日敢

反璧事今日用之已陳奈何未有用反錦者

劫齊

詰常

請之叔向受羹反錦曰晉有羊舌鮒者瀆貨無
厭亦將及矣爲此役也子若以君命賜之其已
客從之未退而禁之晉人將尋盟齊人不可晉
侯使叔向告劉獻公曰抑齊人不盟若之何對
曰盟以厎信君苟有信諸侯不貳何患焉告之
以文辭董之以武師雖齊不許君庸多矣天子
之老請帥王賦元戎十乘以先啟行遲速唯君
叔向告于齊曰諸侯求盟已在此矣今君弗利
寡君以爲請對曰諸侯討貳則有尋盟若皆用

迂而排秩可歎

辭命

命何盟之尋叔向曰國家之敗有事而無業事
則不經有業而無禮經則不序有禮而無威序
則不共有威而不昭共則不明不明棄共百事
不終所由傾覆也是故明王之制使諸侯歲聘
以志業閒朝以講禮再朝而會以示威再會而
盟以顯昭明志業於好講禮於等示威於眾昭
明於神自古以來未之或失也存亡之道恆由
是興晉禮主盟懼有不治奉承齊犧而布諸君
求終事也君曰余必廢之何齊之有唯君圖之

示衆

辭魯

辭命

寡君聞命矣齊人懼對曰小國言之大國制之敢不聽從既聞命矣敬共以往遲速唯君叔向曰諸侯有閒矣不可以不示衆八月辛未治兵建而不旆壬申復旆之諸侯畏之邾人莒人愬于晉曰魯朝夕伐我幾亡矣我之不共魯故之以晉侯不見公使叔向來辭曰諸侯將以甲戌盟寡君知不得事君矣請君無勤子服惠伯對曰君信蠻夷之訴以絶兄弟之國弃周公之後亦唯君寡君聞命矣叔向曰寡君有甲車四千

霸辭欠占地步然却說得定：

氣動

又帶叙二人事

鄭銳

点詩

乘在雖以無道行之必可畏也況其率道其何敵之有牛雖瘠僨於豚上其畏不死南蒯子仲之憂其庸可弃乎若奉晉之衆用諸侯之師因邾莒杞鄫之怒以討魯罪閒其二憂何求而弗克魯人懼聽命甲戌同盟于平丘齊服也令諸侯日中造于除癸酉退朝子產命外僕速張於除子大叔止之使待明日及夕子產聞其未張也使速往乃無所張矣及盟子產爭承曰昔天子班貢輕重以列列尊貢重周之制也卑而貢

行理即行李

爭半日語必多何爲止記此二十餘句滑稽人吞語乖添一層爭論乃更濃

執魯卿

重者甸服也鄭伯男也而使從公侯之貢懼弗給也敢以爲請諸侯靖兵好以爲事行理之命無月不至貢之無藝小國有闕所以得罪也諸侯脩盟存小國也貢獻無極亡可待也存亡之制將在今矣自日中以爭至于昏晉人許之既盟子大叔咎之曰諸侯若討其可瀆乎子產曰晉政多門貳偷之不暇何暇討國不競亦陵何國之爲公不與盟晉人執季孫意如以幕蒙之使狄人守之司鐸射懷錦奉壺飲氷以蒲伏焉

又帶敘子產

守者御之乃與之錦而入晉人以平子歸子服湫從子產歸未至聞子皮卒哭且曰吾巳無爲爲善矣唯夫子知我仲尼謂子產於是行也足以爲國基矣詩曰樂旨君子邦家之基子產君子之求樂者也且曰合諸侯藝貢事禮也

○鮮虞人聞晉師之悉起也而不警邊且不脩備晉荀吳自著雍以上軍侵鮮虞及中人驅衝競大獲而歸

蔡侯廬歸于蔡陳侯吳歸于陳

楚之滅蔡也靈王遷許胡沈道房申於荊焉平王即位既封陳蔡而皆復之禮也隱大子之子廬歸于蔡禮也悼大子之子吳歸于陳禮也

冬十月葬蔡靈公

冬十月葬蔡靈公禮也

公如晉至河乃復

公如晉荀吳謂韓宣子曰諸侯相朝講舊好也執其卿而朝其君有不好焉不如辭之乃使士景伯辭公于河

吴滅州來

吴滅州來令尹子旗請伐吴王弗許曰吾未撫民人未祀鬼神未脩守備未定國家而用民力敗不可悔州來在吴猶在楚也子姑待之

○季孫猶在晉子服惠伯私於中行穆子曰魯事晉何以不如夷之小國魯兄弟也土地猶大所命能具若爲夷弃之使事齊楚其何瘳於晉親親與大賞共罰否所以爲盟主也子其圖之諺曰臣一主二吾豈無大國穆子告韓宣子且曰

意精妙

精簡之甚

春秋左傳

楚滅陳蔡不能救而爲夷執親將焉用之乃歸季孫惠伯曰寡君未知其罪合諸侯而執其老若猶有罪死命可也若曰無罪而惠免之諸侯不聞是逃命也何免之爲請從君惠於會宣子患之謂叔向曰子能歸季孫乎對曰不能鮒也能乃使叔魚叔魚見季孫曰昔鮒也得罪於晉君自歸於魯君微武子之賜不至於今雖獲歸骨於晉猶子則肉之敢不盡情歸子而不歸鮒也聞諸吏將爲子除館於西河其若之何且泣

精悍

文勢流動已近戰國策意

平子懼先歸惠伯待禮

十有四年春意如至自晉

十四年春意如至自晉尊晉罪已也尊晉罪已禮也

○南蒯之將叛也盟費人司徒老祁慮癸僞廢疾使請於南蒯曰臣願受盟而疾興若以君靈不死請待間而盟許之二子因民之欲叛也請朝衆而盟遂劫南蒯曰羣臣不忘其君畏子以及今三年聽命矣子若弗圖費人不忍其君將不

致微婉則左氏

每敘新政必用排三字句亦覺太套且此調法尔亦不甚佳

能畏子矣子何所不逞欲請送子請期五日遂奔齊侍飲酒於景公公曰叛夫對曰臣欲張公室也子韓晳曰家臣而欲張公室罪莫大焉司徒老祁慮癸來歸費齊侯使鮑文子致之

三月曹伯滕卒

夏四月

○夏楚子使然丹簡上國之兵於宗丘且撫其民分貧振窮長孤幼養老疾收介特救災患宥孤寡赦罪戾詰姦慝舉淹滯禮新敘舊祿勳合親

任良物官使屈罷簡東國之兵於召陵亦如之好於邊疆息民五年而後用師禮也

秋葬曹武公

八月莒子去疾卒

秋八月莒著丘公卒郊公不慼國人弗順欲立著丘公之弟庚與蒲餘侯惡公子意恢而善於庚與郊公惡公子鐸而善於意恢公子鐸因蒲餘侯而與之謀曰爾殺意恢我出君而納庚與許之

○楚令尹子旗有德於王不知度與養氏比而求無厭王患之九月甲午楚子殺鬬成然而滅養氏之族使鬬辛居鄖以無忘舊勳

冬莒殺其公子意恢

冬十二月蒲餘侯茲夫殺莒公子意恢郊公奔齊公子鐸逆庚與於齊齊隰黨公子鉏送之有賂田

○晉邢侯與雍子爭鄐田久而無成士景伯如楚叔魚攝理韓宣子命斷舊獄罪在雍子雍子納

略其意

其女於叔魚叔魚蔽罪邢侯邢侯怒殺叔魚與雍子於朝宣子問其罪於叔向叔向曰三人同罪施生戮死可也雍子自知其罪而賂以買直鮒也鬻獄邢侯專殺其罪一也己惡而掠美爲昏貪以敗官爲墨殺人不忌爲賊夏書曰昏墨賊殺皋陶之刑也請從之乃施邢侯而尸雍子與叔魚於市仲尼曰叔向古之遺直也治國制刑不隱於親三數叔魚之惡不爲末減曰義也夫可謂直矣平丘之會數其賄也以寬衛國晉

不爲暴歸魯季孫稱其詐也以寬魯國晉不爲虐邢侯之獄言其貪也以正刑書晉不爲頗三言而除三惡加三利殺親益榮猶義也夫

十有五年春王正月吳子夷末卒

二月癸酉有事于武宮籥入叔弓卒去樂卒事

十五年春將禘于武公戒百官梓慎曰禘之日其有咎乎吾見赤黑之祲非祭祥也喪氛也其在涖事乎二月癸酉禘叔弓涖事籥入而卒去樂卒事禮也

兩語重三遍權予每旁此等法亦自是一種風調

夏蔡朝吳出奔鄭

楚費無極害朝吳之在蔡也欲去之乃謂之曰王唯信子故處子於蔡子亦長矣而在下位辱必求之吾助子請又謂其上之人曰王唯信吳故處諸蔡二三子莫之如也而在其上不亦難乎弗圖必及於難夏蔡人逐朝吳朝吳出奔鄭王怒曰余唯信吳故寘諸蔡且微吳吾不及此女何故去之無極對曰臣豈不欲吳然而前知其爲人之異也吳在蔡蔡必速飛去吳所以翦

其翼也

六月丁巳朔日有食之

○六月乙丑王大子壽卒

○秋八月戊寅王穆后崩

秋晉荀吳帥師伐鮮虞

晉荀吳帥師伐鮮虞圍鼓鼓人或請以城叛穆子弗許左右曰師徒不勤而可以獲城何故不爲穆子曰吾聞諸叔向曰好惡不愆民知所適事無不濟或以吾城叛吾所甚惡也人以城來

事奇

又更益奇

率而薦似有數句可删若但去賈怠二句城可獲一句猶為稍動

吾獨何好焉賞所甚惡若所好何若其弗賞是失信也何以庇民力能則進否則退量力而行吾不可以欲城而邇姦所喪滋多使鼓人殺叛人而繕守備圍鼓三月鼓人或請降使其民見曰猶有食色姑脩而城軍吏曰獲城而弗取勤民而頓兵何以事君穆子曰吾以事君也獲一邑而教民怠將焉用邑邑以賈怠不如完舊賈怠無卒弃舊不祥鼓人能事其君吾亦能事吾君率義不爽好惡不愆城可獲而民知義所有

死命而無二心不亦可乎鼓人告食竭力盡而後取之克鼓而反不戮一人以鼓子鳶鞮歸

冬公如晉

冬公如晉平丘之會故也

○十二月晉荀躒如周葬穆后籍談爲介既葬除喪以文伯宴樽以魯壺王曰伯氏諸侯皆有以鎮撫王室晉獨無有何也文伯揖籍談對曰諸侯之封也皆受明器於王室以鎮撫其社稷故能薦彝器於王晉居深山戎狄之與鄰而遠於

其肯

常諍

王室王靈不及拜戎不暇其何以獻器王曰叔
氏而忘諸乎叔父唐叔成王之母弟也其反無
分乎密須之鼓與其大路文所以大蒐也闕鞏
之甲武所以克商也唐叔受之以處參虛匡有
戎狄其後襄之二路鏚鉞秬鬯彤弓虎賁文公
受之以有南陽之田撫征東夏非分而何夫有
勳而不廢有績而載奉之以土田撫之以彝器
旌之以車服明之以文章子孫不忘所謂福也
福祚之不登叔父焉在且昔而高祖孫伯黶司

常語

未錄妙

晉之典籍以爲大政故曰籍氏及辛有之二子董之晉於是乎有董史女司典之後也何故忘之籍談不能對賓出王曰籍父其無後乎數典而忘其祖籍談歸以告叔向叔向曰王其不終乎吾聞之所樂必卒焉今王樂憂若卒以憂不可謂終王一歲而有三年之喪二焉於是乎以喪賓宴又求彝器樂憂甚矣且非禮也彝器之來嘉功之由非由喪也三年之喪雖貴遂服禮也王雖弗遂宴樂以早亦非禮也禮王之大經

也一動而失二禮無大經矣言以考典典以志
經忘經而多言舉典將焉用之

十有六年

○十六年春王正月公在晉晉人止公不書諱之
也

春齊侯伐徐

齊侯伐徐

楚子誘戎蠻子殺之

楚子聞蠻氏之亂也與蠻子之無質也使然丹

誘戎蠻子嘉殺之遂取蠻氏既而復立其子焉禮也

○二月丙申齊師至于蒲隧徐人行成徐子及郯人莒人會齊侯盟于蒲隧賂以甲父之鼎叔孫昭子曰諸侯之無伯害哉齊君之無道也興師而伐遠方會之有成而還莫之亢也無伯也夫詩曰宗周既滅靡所止戾正大夫離居莫知我肄其是之謂乎

○三月晉韓起聘于鄭鄭伯享之子產戒曰苟有

不甚停蓄氣
排勁

有境

位於朝無有不共恪孔張後至立於客閒執政
禦之適客後又禦之適縣閒客從而笑之事畢
富子諫曰夫大國之人不可不慎也幾爲之笑
而不陵我我皆有禮夫猶鄙我國而無禮何以
求榮孔張失位吾子之恥也子產怒曰發命之
不衷出令之不信刑之頗類獄之放紛會朝之
不敬使命之不聽取陵於大國罷民而無功罪
及而弗知僑之恥也孔張君之昆孫子孔之後
也執政之嗣也爲嗣大夫承命以使周於諸侯

大體語

國人所尊諸侯所知立於朝而祀於家有祿於國有賦於軍喪祭有職受脤歸脤其祭在廟已有著位在位數世世守其業而忘其所僑焉得恥之辟邪之人而皆及執政是先王無刑罰也子寧以他規我宣子有環其一在鄭商宣子謁諸鄭伯子產弗與曰非官府之守器也寡君不知子大叔子羽謂子產曰韓子亦無幾求晉國亦未可以貳晉國韓子不可偷也若屬有讒人交鬬其間鬼神而助之以興其凶怒悔之何及

點破主意
兩僑聞法新調甚古雋
汎論
實指事
中斷意
又深一層
六層意若肆口而出然構法却緊切嚴密

吾子何愛於一環其以取憎於大國也盍求而與之子產曰吾非偷晉而有二心將終事之是以弗與忠信故也僑聞君子非無賄之難立而無令名之患僑聞爲國非不能事大字小之難無禮以定其位之患夫大國之人令於小國而皆獲其求將何以給之一共一否爲罪滋大大國之求無禮以斥之何饜之有吾且爲鄙邑則失位矣若韓子奉命以使而求玉焉貪淫甚矣獨非罪乎出一玉以起二罪吾又失位韓子成

餘波

商人亦奇

一直說下只以盟誓為據與辰喜對齊俱同法

比前更難為辭至此似更無詩說却乃愈出嚴辭使人開口不敢強索真是文之珍奇讀來覺膚起

貪將焉用之且吾以玉賈罪不亦鋭乎韓子買諸賈人既成賈矣商人曰必告君大夫韓子請諸子產曰日起請夫環執政弗義弗敢復也今買諸商人商人曰必以聞敢以爲請子產對曰昔我先君桓公與商人皆出自周庸次比耦以艾殺此地斬之蓬蒿藜藋而共處之世有盟誓以相信也曰爾無我叛我無强賈毋或匄奪爾有利市寶賄我勿與知恃此質誓故能相保以至于今今吾子以好來辱而謂敝邑强奪商人

詞色句〻有味大抵文意奇則辭易工即前段意作餘波

與享趙孟章同調

是教敝邑背盟誓也毋乃不可乎吾子得玉而失諸侯必不爲也若大國令而共無藝鄭鄙邑也亦弗爲也僑若獻玉不知所成敢私布之韓子辭玉曰起不敏敢求玉以徼二罪敢辭之夏四月鄭六卿餞宣子於郊宣子曰二三君子請皆賦起亦以知鄭志子齹賦野有蔓草宣子曰孺子善哉吾有望矣子產賦鄭之羔裘宣子曰起不堪也子大叔賦褰裳宣子曰起在此敢勤子至於他人乎子大叔拜宣子曰善哉子之言是

三詩無荅却以總荅六詩意收法自闊

不有是事其能終乎子游賦風雨子旗賦有女同車子柳賦蘀兮宣子喜曰鄭其庶乎二三君子以君命貺起賦不出鄭志皆昵燕好也二三君子數世之主也可以無懼矣宣子皆獻馬焉而賦我將子產拜使五卿皆拜曰吾子靖亂敢不拜德宣子私覲於子產以玉與馬曰子命起舍夫玉是賜我玉而免吾死也敢不藉手以拜

夏公至自晉

公至自晉子服昭伯語季平子曰晉之公室其

將遂卑矣君幼弱六卿彊而奢傲將因是以習習實爲常能無卑乎平子曰爾幼惡識國

秋八月己亥晉侯夷卒

秋八月晉昭公卒

九月大雩

九月大雩旱也

○鄭大旱使屠擊祝款豎柎有事於桑山斬其木不雨子產曰有事于山蓺山林也而斬其木其罪大矣奪之官邑

季孫意如如晉冬十月葬晉昭公

冬十月季平子如晉葬昭公平子曰子服回之言猶信子服氏有子哉

十有七年春小邾子來朝

十七年春小邾穆公來朝公與之燕季平子賦采菽穆公賦菁菁者莪昭子曰不有以國其能久乎

夏六月甲戌朔日有食之

夏六月甲戌朔日有食之祝史請所用幣昭子

曰日有食之天子不舉伐鼓於社諸侯用幣於社伐鼓於朝禮也平子禦之曰止也唯正月朔慝未作日有食之於是乎有伐鼓用幣禮也其餘則否大史曰在此月也日過分而未至三辰有災於是乎百官降物君不舉辟移時樂奏鼓祝用幣史用辭故夏書曰辰不集于房瞽奏鼓嗇夫馳庶人走此月朔之謂也當夏四月謂之孟夏平子弗從昭子退曰夫子將有異志不君君矣

典故可志

秋郯子來朝

秋郯子來朝公與之宴昭子問焉曰少皞氏鳥名官何故也郯子曰吾祖也我知之昔者黃帝氏以雲紀故爲雲師而雲名炎帝氏以火紀故爲火師而火名共工氏以水紀故爲水師而水名大皞氏以龍紀故爲龍師而龍名我高祖少皞摯之立也鳳鳥適至故紀於鳥爲鳥師而鳥名鳳鳥氏歷正也玄鳥氏司分者也伯趙氏司至者也青鳥氏司啟者也丹鳥氏司閉者也祝

鳩氏司徒也鴡鳩氏司馬也鳲鳩氏司空也爽
鳩氏司寇也鶻鳩氏司事也五鳩鳩民者也五
雉爲五工正利器用正度量夷民者也九扈爲
九農正扈民無淫者也自顓頊以來不能紀遠
乃紀於近爲民師而命以民事則不能故也仲
尼聞之見於郯子而學之既而告人曰吾聞之
天子失官學在四夷猶信
八月晉荀吳帥師滅陸渾之戎
晉侯使屠蒯如周請有事於雒與三塗萇弘謂

一事兩人說
一略一詳句

春秋左傳

劉子曰客容猛非祭也其伐戎乎陸渾氏甚睦於楚必是故也君其備之乃警戎備九月丁卯晉荀吳帥師涉自棘津使祭史先用牲于雒陸渾人弗知師從之庚午遂滅陸渾數之以其貳於楚也陸渾子奔楚其衆奔甘鹿周大獲宣子夢文公攜荀吳而授之陸渾故使穆子帥師獻俘于文宮

冬有星孛于大辰

冬有星孛于大辰西及漢申須曰彗所以除舊

是備法前略
是先驅後略
是餘攻

布新也天事恒象今除於火火出必布焉諸侯
其有火災乎梓慎曰往年吾見之是其徵也火
出而見今茲火出而章必火入而伏其居火也
久矣其與不然乎火出於夏爲三月於商爲四
月於周爲五月夏數得天若火作其四國當之
在宋衛陳鄭乎宋大辰之虛也陳大皞之虛也
鄭祝融之虛也皆火房也星孛及漢漢水祥也
衛顓頊之虛也故爲帝丘其星爲大水水火之
牡也其以丙子若壬午作乎水火所以合也若

火入而伏必以壬午不過其見之月鄭裨竈言於子產曰宋衛陳鄭將同日火若我用瓘斝玉瓚鄭必不火子產弗與

楚人及吳戰于長岸

吳伐楚陽匄爲令尹卜戰不吉司馬子魚曰我得上流何故不吉且楚故司馬令龜我請改卜令曰魴也以其屬死之楚師繼之尚大克之吉戰于長岸子魚先死楚師繼之大敗吳師獲其乘舟餘皇使隨人與後至者守之環而塹之及

敘奪船事有境

只見前書故之以其實當云以舊之故方是

泉盈其隧炭陳以待命吳公子光請於其衆曰喪先王之乘舟豈唯光之罪衆亦有焉請藉取之以救死衆許之使長鬣者三人潛伏於舟側曰我呼餘皇則對師夜從之三呼皆迭對楚人從而殺之楚師亂吳人大敗之取餘皇以歸

十有八年

○十八年春王二月乙卯周毛得殺毛伯過而代之萇弘曰毛得必亡是昆吾稔之日也侈故之以而毛得以濟侈於王都不亡何待

春王三月曹伯須卒

三月曹平公卒

夏五月壬午宋衛陳鄭災

夏五月火始昏見丙子風梓慎曰是謂融風火之始也七日其火作乎戊寅風甚壬午大甚宋衛陳鄭皆火梓慎登大庭氏之庫以望之曰宋衛陳鄭也數日皆來告火裨竈曰不用吾言鄭又將火鄭人請用之子產不可子大叔曰寶以保民也若有火國幾亡可以救亡子何愛焉子

插此一奇

救火政與襄九年宋子罕同法而加流動有條。宗廟府庫宫内里巷城内城外以次發令

產曰天道遠人道邇非所及也何以知之竈焉知天道是亦多言矣豈不或信遂不與亦不復火鄭之未災也里析告子產曰將有大祥民震動國幾亡吾身泯焉弗良及也國遷其可乎子產曰雖可吾不足以定遷矣及火里析死矣未葬子產使輿三十人遷其柩火作子產辭晉公子公孫于東門使司寇出新客禁舊客勿出於宫使子寬子上巡羣屏攝至于大宫使公孫登徙大龜使祝史徙主祏於周廟告于先君使府

人庫人各儆其事商成公儆司宮出舊宮人寘諸火所不及司馬司寇列居火道行火所焮城下之人伍列登城明日使野司寇各保其徵郊人助祝史除於國北禳火于玄冥回祿祈于四鄘書焚室而寬其征與之林三日哭國不市使行人告於諸侯宋衛皆如是陳不救火許不弔災君子是以知陳許之先亡也

六月邾人入鄅

六月鄅人藉稻邾人襲鄅鄅人將閉門邾人羊

羅攝其首焉遂入之盡俘以歸郳子曰余無歸矣從帑於邾邾莊公反郳夫人而舍其女

秋葬曹平公

秋葬曹平公往者見周原伯魯焉與之語不說學歸以語閔子馬閔子馬曰周其亂乎夫必多有是說而後及其大人大人患失而惑又曰可以無學無學不害不害而不學則苟而可於是乎下陵上替能無亂乎夫學殖也不學將落原氏其亡乎

與十二年葬除事同彼只欲通道此亦只是除道觀二道字可見庭是寢之庭〻小不一日可畢過三日以待子產過耳

○七月鄭子產爲火故大爲社祓禳於四方振除火災禮也乃簡兵大蒐將爲蒐除子大叔之廟在道南其寢在道北其庭小過期三日使除徒陳於道南廟北曰子產過女而命速除乃毀於而鄉子產朝過而怒之除者南毀子產及衝使從者止之曰毀於北方

○火之作也子產授兵登陴子大叔曰晉無乃討乎子產曰吾聞之小國忘守則危況有災乎國之不可小有備故也既晉之邊吏讓鄭曰鄭國

辭命

有災晉君大夫不敢寧居卜筮走望不愛牲玉鄭之有災寡君之憂也今執事撊然授兵登陴將以誰罪邊人恐懼不敢不告子產對曰若吾子之言敝邑之災君之憂也敝邑失政天降之災又懼讒慝之間謀之以啟貪人荐爲敝邑不利以重君之憂幸而不亡猶可說也不幸而亡君雖憂之亦無及也鄭有他竟望走在晉既事晉矣其敢有二心

冬許遷于白羽

点淨

兩語有態下句不情

楚左尹王子勝言於楚子曰許於鄭仇敵也而居楚地以不禮於鄭晉鄭方睦鄭若伐許而晉助之楚喪地矣君盍遷許許不專於楚鄭方有令政許曰余舊國也鄭曰余俘邑也葉在楚國方城外之蔽也土不可易國不可小許不可俘讎不可啟君其圖之楚子說冬楚子使王子勝遷許於析實白羽

十有九年

○十九年春楚工尹赤遷陰于下陰令尹子瑕城

郟叔孫昭子曰楚不在諸侯矣其僅自完也以
持其世而已
○楚子之在蔡也郹陽封人之女奔之生大子建
及即位使伍奢爲之師費無極爲少師無寵焉
欲譖諸王曰建可室矣王爲之聘於秦無極與
逆勸王取之正月楚夫人嬴氏至自秦
春宋公伐邾
鄅夫人宋向戌之女也故向寧請師二月宋公
伐邾圍蟲三月取之乃盡歸鄅俘

夏五月戊辰許世子止弑其君買

夏許悼公瘧五月戊辰飲大子止之藥卒大子奔晉書曰弑其君君子曰盡心力以事君舍藥物可也

○邾人郳人徐人會宋公乙亥同盟于蟲

己卯地震

○楚子爲舟師以伐濮費無極言於楚子曰晉之伯也邇於諸夏而楚辟陋故弗能與爭若大城城父而寘大子焉以通北方王收南方是得天

下也王說從之故大子建居于城父令尹子瑕聘于秦拜夫人也

秋齊高發帥師伐莒

秋齊高發帥師伐莒莒子奔紀鄣使孫書伐之初莒有婦人莒子殺其夫已爲嫠婦及老託於紀鄣紡焉以度而去之及師至則投諸外或獻諸子占子占使師夜縋而登登者六十人縋絕師鼓譟城上之人亦譟莒共公懼啓西門而出七月丙子齊師入紀

族於謀是倒字句與後室怒市色同

冬葬許悼公

○是歲也鄭駟偃卒子游娶於晉大夫生絲弱其父兄立子瑕子產憎其爲人也且以爲不順弗許亦弗止駟氏聳他日絲以告其舅冬晉人使以幣如鄭問駟乞之立故駟氏懼駟乞欲逃子產弗遣請龜以卜亦弗予大夫謀對子產不待而對客曰鄭國不天寡君之二三臣札瘥夭昏今又喪我先大夫偃其子幼弱其一二父兄懼隊宗主私族於謀而立長親寡君與其二三老

是自認過却乃將其詞然寔陷以推責用意絕妙

此自是正論

曰抑天實剝亂是吾何知焉諺曰無過亂門民有兵亂猶憚過之而況敢知天之所亂今大夫將問其故抑寡君實不敢知其誰實知之平丘之會君尋舊盟曰無或失職若寡君之二三臣其即世者晉大夫而專制其位是晉之縣鄙也何國之爲辭客幣而報其使晉人舍之

○楚人城州來沈尹戌曰楚人必敗昔吳滅州來子旗請伐之王曰吾未撫吾民今亦如之而城州來以挑吳能無敗乎侍者曰王施舍不倦息

俶字句脩合
二句意同

民五年可謂撫之矣戌曰吾聞撫民者節用於內而樹德於外民樂其性而無寇讐今宮室無量民人日駭勞罷死轉忘寢與食非撫之也

○鄭大水龍鬬于時門之外洧淵國人請爲禜焉子產弗許曰我鬬龍不我覿也龍鬬我獨何覿焉禳之則彼其室也吾無求於龍龍亦無求於我乃止也

○令尹子瑕言蹶由於楚子曰彼何罪諺所謂室於怒市於色者楚之謂矣舍前之忿可也乃歸

字句猶是左氏而氣格略變便近國策史記

蹶由

二十年春王正月

○二十年春王二月己丑日南至梓慎望氛曰今茲宋有亂國幾亡三年而後弭蔡有大喪叔孫昭子曰然則戴桓也汰侈無禮已甚亂所在也

○費無極言於楚子曰建與伍奢將以方城之外叛自以爲猶宋鄭也齊晉又交輔之將以害楚其事集矣王信之問伍奢伍奢對曰君一過多矣何信於讒王執伍奢使城父司馬奮揚殺大

此句可省

是左法收處略不同

左本色

左文句多鍊又常以物勢出之是以身既婉巧之致此章則多用直法兩以覽不同

子未至而使遣之三月大子建奔宋王召奮揚奮揚使城父人執己以至王曰言出於余口入於爾耳誰告建也對曰臣告之君王命臣曰事建如事余臣不佞不能苟貳奉初以還不忍後命故遣之既而悔之亦無及已王曰而敢來何也對曰使而失命召而不來是再奸也逃無所入王曰歸從政如他日無極曰奢之子材若在吳必憂楚國盍以免其父召之彼仁必來不然將爲患王使召之曰來吾免而父棠君尚謂其

兩句簡甚下又似子書口氣
左本色排而不精

弟員曰爾適吳我將歸死吾知不逮我能死爾能報聞免父之命不可以莫之奔也親戚爲戮不可以莫之報也奔死免父孝也度功而行仁也擇任而往知也知死不辟勇也父不可弃名不可廢爾其勉之相從爲愈伍尚歸奢聞員不來曰楚君大夫其旰食乎楚人皆殺之員如吳言伐楚之利於州于公子光曰是宗爲戮而欲反其讐不可從也員曰彼將有他志余姑爲之求士而鄙以待之乃見鱄設諸焉而耕於鄙

夏曹公孫會自鄸出奔宋

○宋元公無信多私而惡華向華定華亥與向寧謀曰亡愈於死先諸華亥僞有疾以誘羣公子公子問之則執之夏六月丙申殺公子寅公子御戎公子朱公子固公孫援公孫丁拘向勝向行於其廩公如華氏請焉弗許遂刼之癸卯取大子欒與母弟辰公子地以爲質公亦取華亥之子無慼向寧之子羅華定之子啟與華氏盟以爲質

敘事入細

絕遒勁

秋盜殺衛侯之兄縶

衛公孟縶狎齊豹奪之司寇與鄄有役則反之無則取之公孟惡北宮喜褚師圃欲去之公子朝通于襄夫人宣姜懼而欲以作亂故齊豹北宮喜褚師圃公子朝作亂初齊豹見宗魯於公孟為驂乘焉將作亂而謂之曰公孟之不善子所知也勿與乘吾將殺之對曰吾由子事公孟子假吾名焉故不吾遠也雖其不善吾亦知之抑以利故不能去是吾過也今聞難而逃是僭

兩句意精絕

須記處極盡簡核妙

予也子行事乎吾將死之以周事子而歸死於公孟其可也丙辰衛侯在平壽公孟有事於蓋獲之門外齊子氏帷於門外而伏甲焉使祝鼃寘戈於車薪以當門使一乘從公孟以出使華齊御公孟宗魯驂乘及閎中齊氏用戈擊公孟宗魯以背蔽之斷肱以中公孟之肩皆殺之公聞亂乘驅自閱門入慶比御公公南楚驂乘使華寅乘貳車及公宮鴻駵魋駟乘于公公載寶以出褚師子申遇公于馬路之衢遂從過齊氏

辭命兼敘事

使華寅肉袒執蓋以當其闕齊氏射公中南楚之背公遂出寅閉郭門踰而從公公如死鳥析朱鉏宵從竇出徒行從公齊侯使公孫青聘于衛既出聞衛亂使請所聘公曰猶在竟內則衛君也乃將事焉遂從諸死鳥請將事辭曰亡人不佞失守社稷越在草莽吾子無所辱君命賓曰寡君命下臣於朝曰阿下執事臣不敢貳主人曰君若惠顧先君之好照臨敝邑鎮撫其社稷則有宗祧在乃止衛侯固請見之不獲命以

其良馬見爲未致使故也衛侯以爲乘馬賓將
掫主人辭曰亡人之憂不可以及吾子草莽之
中不足以辱從者敢辭賓曰寡君之下臣君之
牧圉也若不獲扞外役是不有寡君也臣懼不
免於戾請以除死親執鐸終夕與於燎齊氏之
宰渠子召北宮子北宮氏之宰不與聞謀殺渠
子遂伐齊氏滅之丁巳晦公入與北宮喜盟于
彭水之上秋七月戊午朔遂盟國人八月辛亥
公子朝褚師圃子玉霄子高魴出奔晉閏月戊

辰殺宣姜衛侯賜北宮喜謚曰貞子賜析朱鉏謚曰成子而以齊氏之墓予之衛侯告寧于齊且言子石齊侯將飲酒徧賜大夫曰二三子之教也苑何忌辭曰與於青之賞必及於其罰在康誥曰父子兄弟罪不相及況在羣臣臣敢貪君賜以干先王琴張聞宗魯死將往弔之仲尼曰齊豹之盜而孟縶之賊女何弔焉君子不食姦不受亂不爲利疚於回不以回待人不蓋不義不犯非禮

冬十月宋華亥向寧華定出奔陳

宋華向之亂公子城公孫忌樂舍司馬彊向宜向鄭楚建郳甲出奔鄭其徒與華氏戰于鬼閻敗子城子城適晉華亥與其妻必盥而食所質公子者而後食公與夫人每日必適華氏食公子而後歸華亥患之欲歸公子向寧曰唯不信故質其子若又歸之死無日矣公請於華費遂將攻華氏對曰臣不敢愛死無乃求去憂而滋長乎臣是以懼敢不聽命公曰子死亡有命余

不忍其詢冬十月公殺華向之質而攻之戊辰華向奔陳華登奔吳向寧欲殺大子華亥曰干君而出又殺其子其誰納我且歸之有庸使少司寇牼以歸曰子之齒長矣不能事人以三公子爲質必免公子既入華牼將自門行公遽見之執其手曰余知而無罪也入復而所

十有一月辛卯蔡侯盧卒

○齊侯疥遂痁期而不瘳諸侯之賓問疾者多在梁丘據與裔款言於公曰吾事鬼神豐於先君

有加矣今君疾病爲諸侯憂是祝史之罪也諸侯不知其謂我不敬君盍誅於祝固史嚚以辭賓公說告晏子晏子曰日宋之盟屈建問范會之德於趙武趙武曰夫子之家事治言於晉國竭情無私其祝史祭祀陳信不愧其家事無猜其祝史不祈建以語康王康王曰神人無怨宜夫子之光輔五君以爲諸侯主也公曰據與款謂寡人能事鬼神故欲誅於祝史子稱是語何故對曰若有德之君外內不廢上下無怨動無

大論縱排而賓顧之風致

其言入也字下亦是倒句法又即作住法法亦新第調勢不流便風韻不長純是四字句雖亦典隸然無條理分派但覺堆垛重滯

違事其祝史薦信無愧心矣是以鬼神用饗國受其福祝史與焉其所以蕃祉老壽者爲信君使也其言忠信於鬼神其適遇淫君外內頗邪上下怨疾動作辟違從欲厭私高臺深池撞鐘舞女斬刈民力輸掠其聚以成其違不恤後人暴虐淫從肆行非度無所還忌不思謗讟不憚鬼神神怒民痛無悛於心其祝史薦信是言罪也其蓋失數美是矯誣也進退無辭則虛以求媚是以鬼神不饗其國以禍之祝史與焉所以

以訟反祝衆以此叙康稍語動有致

夭昏孤疾者爲暴君使也其言僭嫚於鬼神公曰然則若之何對曰不可爲也山林之木衡鹿守之澤之萑蒲舟鮫守之藪之薪蒸虞候守之海之鹽蜃祈望守之縣鄙之人入從其政偪介之關暴征其私承嗣大夫強易其賄布裳無藝徵斂無度宮室日更淫樂不違內寵之妾肆奪於市外寵之臣僭令於鄙私欲養求不給則應民人苦病夫婦皆詛祝有益也詛亦有損聊攝以東姑尤以西其爲人也多矣雖其善祝豈能

立意好而詞未工

勝億兆人之詛君若欲誅於祝史脩德而後可
公說使有司寬政毀關去禁薄斂已責
○十二月齊侯田于沛招虞人以弓不進公使執
之辭曰昔我先君之田也旃以招大夫弓以招
士皮冠以招虞人臣不見皮冠故不敢進乃舍
之仲尼曰守道不如守官君子韙之
○齊侯至自田晏子侍于遄臺子猶馳而造焉公
曰唯據與我和夫晏子對曰據亦同也焉得爲
和公曰和與同異乎對曰異和如羹焉水火醯

錄法未盡

獨此四語佳

醯醢梅以烹魚肉燀之以薪宰夫和之齊之以味濟其不及以洩其過君子食之以平其心君臣亦然君所謂可而有否焉臣獻其否以成其可君所謂否而有可焉臣獻其可以去其否是以政平而不干民無爭心故詩曰亦有和羹既戒既平鬷嘏無言時靡有爭先王之濟五味和五聲也以平其心成其政也聲亦如味一氣二體三類四物五聲六律七音八風九歌以相成也清濁小大短長疾徐哀樂剛柔遲速高下出

醉飲未欣暢

入周疏以相濟也君子聽之以平其心心平德和故詩曰德音不瑕今據不然君所謂可據亦曰可君所謂否據亦曰否若以水濟水誰能食之若琴瑟之專壹誰能聽之同之不可也如是

飲酒樂公曰古而無死其樂若何晏子對曰古而無死則古之樂也君何得焉昔爽鳩氏始居此地季萴因之有逢伯陵因之蒲姑氏因之而後大公因之古若無死爽鳩氏之樂非君所願也

論最切當

○鄭子產有疾謂子大叔曰我死子必爲政唯有德者能以寬服民其次莫如猛夫火烈民望而畏之故鮮死焉水懦弱民狎而翫之則多死焉故寬難疾數月而卒大叔爲政不忍猛而寬鄭國多盜取人於萑苻之澤大叔悔之曰吾早從夫子不及此興徒兵以攻萑苻之盜盡殺之盜少止仲尼曰善哉政寬則民慢慢則糾之以猛猛則民殘殘則施之以寬寬以濟猛猛以濟寬政是以和詩曰民亦勞止汔可小康惠此中國

以綏四方施之以寬也毋從詭隨以謹無良式遏寇虐慘不畏明糾之以猛也柔遠能邇以定我王平之以和也又曰不競不絿不剛不柔布政優優百祿是遒和之至也及子產卒仲尼聞之出涕曰古之遺愛也

萬曆丙辰夏吳興閔齊華

閔齊伋閔象泰分次經傳

春秋左傳

昭公下

二十有一年

○二十一年春天王將鑄無射泠州鳩曰王其以心疾死乎夫樂天子之職也夫音樂之輿也而鐘音之器也天子省風以作樂器以鍾之輿以行之小者不窕大者不槬則和於物物和則嘉成故和聲入於耳而藏於心心億則樂窕則不咸槬則不容心是以感感實生疾今鐘槬矣王

心弗堪其能久乎

春王三月葬蔡平公

三月葬蔡平公蔡大子朱失位位在卑大夫送葬者歸見昭子昭子問蔡故以告昭子歎曰蔡其亡乎若不亡是君也必不終詩曰不解于位民之攸塈今蔡侯始即位而適卑身將從之

夏晉侯使士鞅來聘

夏晉士鞅來聘叔孫爲政季孫欲惡諸晉使有司以齊鮑國歸費之禮爲士鞅士鞅怒曰鮑國

敘事嚴核且入細第略變而少議論語不甚濃稍覺碎宜合後二段爲一篇

之位下其國小而使觖從其牢禮是卑敝邑也將復諸寡君魯人恐加四牢焉爲十一牢

宋華亥向寧華定自陳入于宋南里以叛

宋華費遂生華貙華多僚華登貙爲少司馬多僚爲御士與貙相惡乃譖諸公曰貙將納亡人亟言之公曰司馬以吾故亡其良子死亡有命吾不可以再亡之對曰君若愛司馬則如亡死如可逃何遠之有公懼使寺人召司馬之寺人宜僚飲之酒而使告司馬司馬歎曰必多僚也

吾有讒子而弗能殺吾又不死抑君有命可若
何乃與公謀逐華貙將使田孟諸而遣之公飲
之酒厚酬之賜及從者司馬亦如之張匄尤之
曰必有故使子皮承宜僚以劍而訊之宜僚盡
以告張匄欲殺多僚子皮曰司馬老矣登之謂
甚吾又重之不如亡也五月丙申子皮將見司
馬而行則遇多僚御司馬而朝張匄不勝其怒
遂與子皮臼任鄭翩殺多僚劫司馬以叛而召
亡人壬寅華向入樂大心豐愆華牼禦諸橫華

氏居盧門以南里叛六月庚午宋城舊鄘及桑林之門而守之

秋七月壬午朔日有食之　八月乙亥叔輒卒

秋七月壬午朔日有食之公問於梓慎曰是何物也禍福何爲對曰二至二分日有食之不爲災日月之行也分同道也至相過也其他月則爲災陽不克也故常爲水於是叔輒哭日食昭子曰子叔將死非所哭也八月叔輒卒

○冬十月華登以吳師救華氏齊烏枝鳴戍宋廚

意悄

人濮曰軍志有之先人有奪人之心後人有待其衰盍及其勞且未定也伐諸若入而固則華氏衆矣悔無及也從之丙寅齊師宋師敗吳師于鴻口獲其二帥公子苦雂偃州員華登帥其餘以敗宋師公欲出廚人濮曰吾小人可藉死而不能送亡君請待之乃徇曰揚徽者公徒也衆從之公目揚門見之下而巡之曰國亡君死二三子之恥也豈專孤之罪也齊烏枝鳴曰用少莫如齊致死齊致死莫如去備彼多兵矣請

今邊軍唯用鍃刀即此意

翩 鸛 鈕

皆用劒從之華氏北復即之廚人濮以裳裹首
而荷以走曰得華登矣遂敗華氏于新里翟僂
新居于新里既戰說甲于公而歸華姓居于公
里亦如之十一月癸未公子城以晉師至曹翰
胡會晉荀吳齊苑何忌衛公子朝救宋丙戌與
華氏戰于赭丘鄭翩願爲鸛其御願爲鵞子祿
御公子城莊菫爲右干犨御呂封人華豹張匄
爲右相遇城還華豹曰城也城怒而反之將注
豹則關矣曰平公之靈尚輔相余豹射出其間

描寫僅入妙但略磚略敍之錯綜頓挫之致

將注則又關矣曰不狎鄙抽矢城射之殪張匄抽殳而下射之折股扶伏而擊之折軫又射之死干犨請一矢城曰余言女於君對曰不死伍乘軍之大刑也干刑而從子君焉用之子速諸乃射之殪大敗華氏圍諸南里華亥搏膺而呼見華貙曰吾爲欒氏矣貙曰子無我迋不幸而後亡使華登如楚乞師華貙以車十五乘徒七十人犯師而出食於睢上哭而送之乃復入楚薳越帥師將逆華氏大宰犯諫曰諸侯唯宋事

其君今又爭國釋君而臣是助無乃不可乎王曰而告我也後既許之矣

冬蔡侯朱出奔楚

蔡侯朱出奔楚費無極取貨於東國而謂蔡人曰朱不用命於楚君王將立東國若不先從王欲楚必圍蔡蔡人懼出朱而立東國朱愬于楚楚子將討蔡無極曰平侯與楚有盟故封其子有二心故廢之靈王殺隱大子其子與君同惡德君必甚又使立之不亦可乎且廢置在君蔡

無他矣

公如晉至河乃復

公如晉及河鼓叛晉晉將伐鮮虞故辭公

二十有二年春齊侯伐莒

二十二年春王二月甲子齊北郭啟帥師伐莒莒子將戰苑羊牧之諫曰齊帥賤其求不多不如下之大國不可怒也弗聽敗齊師于壽餘齊侯伐莒莒子行成司馬竈如莒涖盟莒子如齊涖盟盟于稷門之外莒於是乎大惡其君

辭命

偶

宋華亥向寧華定自宋南里出奔楚

楚薳越使告于宋曰寡君聞君有不令之臣爲君憂無寧以爲宗羞寡君請受而戮之對曰孤不佞不能媚於父兄以爲君憂拜命之辱抑君臣日戰君曰余必臣是助亦唯命人有言曰唯亂門之無過君若惠保敝邑無亢不衷以奬亂人孤之望也唯君圖之楚人患之諸侯之戍謀曰若華氏知困而致死楚恥無功而疾戰非吾利也不如出之以爲楚功其亦無能爲也已救

王室亂一事須經首尾串爲一篇串情方完備方見構法

宋而除其害又何求乃固請出之宋人從之已巳宋華亥向寧華定華貙華登皇奄傷省臧士平出奔楚宋公使公孫忌爲大司馬邊卬爲大司徒樂祁爲司城仲幾爲左師樂大心爲右師樂輓爲大司寇以靖國人

大蒐于昌間

夏四月乙丑天王崩

王子朝賓起有寵於景王王與賓孟說之欲立之劉獻公之庶子伯蚠事單穆公惡賓孟之爲

事奇

意太與費解細玩大旨只在人異雞一句上淺二犧字只作寵用字看即將竝并爲用我者死意寔寓于内

人也願殺之又惡王子朝之言以爲亂願去之賓孟適郊見雄雞自斷其尾問之侍者曰自憚其犧也遽歸告王且曰雞其憚爲人用乎人異於是犧者實用人人犧實難已犧何害王弗應夏四月王田北山使公卿皆從將殺單子劉子王有心疾乙丑崩于榮錡氏戊辰劉子摯卒無子單子立劉蚠五月庚辰見王遂攻賓起殺之盟羣王子于單氏

○晉之取鼓也既獻而反鼓子焉又叛於鮮虞六

唯敘追奔伐取等事頭緒多周折亦多又不細敘但略以字遞過而自覺熱鬧讀之鏗然有音其妙處只

月荀吳畧東陽使師僞糴者負甲以息於昔陽之門外遂襲鼓滅之以鼓子鳶鞮歸使涉佗守之

六月叔鞅如京師葬景王王室亂

丁巳葬景王王子朝因舊官百工之喪職秩者與靈景之族以作亂帥郊要餞之甲以逐劉子壬戌劉子奔揚單子逆悼王于莊宮以歸王子還夜取王以如莊宮癸亥單子出王子還與召莊公謀曰不殺單旗不捷與之重盟必來背盟

在文法變化是史記平陽絳侯世家之祖

而克者多矣從之樊頃子曰非言也必不克遂奉王以追單子及領大盟而復殺摯荒以說劉子如劉單子亡乙丑奔于平畤羣王子追之單子殺還姑發弱䶵延定稠子朝奔京丙寅伐之京人奔山劉子入于王城辛未鞏簡公敗績于京乙亥甘平公亦敗焉叔鞅至自京師言王室之亂也閔馬父曰子朝必不克其所與者天所廢也

劉子單子以王猛居于皇　秋劉子單子以王猛

入于王城
單子欲告急於晉秋七月戊寅以王如平時遂
如圃車次于皇劉子如劉單子使王子處守于
王城盟百工于平宮辛卯鄩肸伐皇大敗獲鄩
肸壬辰焚諸王城之市八月辛酉司徒醜以王
師敗績于前城百工叛己巳伐單氏之宮敗焉
庚午反伐之辛未伐東圉冬十月丁巳晉籍談
荀躒帥九州之戎及焦瑕溫原之師以納王于
王城庚申單子劉蚠以王師敗績于郊前城人

敗陸渾于社冬十月王子猛卒十一月乙酉王子猛卒不成喪也己丑敬王即位館于子旅氏十有二月癸酉朔日有食之○十二月庚戌晉籍談荀躒賈辛司馬督帥師軍于陰于侯氏于谿泉次于社王師軍于汜于解次于任人閏月晉箕遺樂徵右行詭濟師取前城軍其東南王師軍于京楚辛丑伐京毀其西

南

二十有三年

○二十三年春王正月壬寅朔二師圍郊癸卯郊

鄩潰丁未晉師在平陰王師在澤邑王使告閒

庚戌還

春王正月叔孫婼如晉

癸丑叔鞅卒

晉人執我行人叔孫婼

邾人城翼還將自離姑公孫鉏曰魯將御我欲

自武城還循山而南徐鉏丘弱茅地曰道下遇
雨將不出是不歸也遂自離姑武城人塞其前
斷其後之木而弗殊邾師過之乃推而蹷之遂
取邾師獲鉏弱地邾人愬于晉晉人來討叔孫
婼如晉晉人執之書曰晉人執我行人叔孫婼
言使人也晉人使與邾大夫坐叔孫曰列國之
卿當小國之君固周制也邾又夷也寡君之命
介子服回在請使當之不敢廢周制故也乃不
果坐韓宣子使邾人聚其衆將以叔孫與之叔

辭命

朝如字亦只是立而待命恐無過夜之理杜註迂

孫聞之去衆與兵而朝士彌牟謂韓宣子曰子弗良圖而以叔孫與其讐叔孫必死之魯亡叔孫必亡邾邾君亡國將焉歸子雖悔之何及所謂盟主討違命也若皆相執焉用盟主乃弗與使各居一館士伯聽其辭而愬諸宣子乃皆執之士伯御叔孫從者四人過邾館以如吏先歸邾子士伯曰以芻蕘之難從者之病將館子於都叔孫旦而立期焉乃館諸箕舍子服昭伯於他邑范獻子求貨於叔孫使請冠焉取其冠法

旦至旦為期

簡核仍與前三章同調

而與之兩冠曰盡矣為叔孫故申豐以貨如晉叔孫曰見我吾告女所行貨見而不出吏人之與叔孫居於箕者請其吠狗弗與及將歸殺而與之食之叔孫所館者雖一日必葺其牆屋去之如始至

晉人圍郊

夏六月蔡侯東國卒于楚

○夏四月乙酉單子取訾劉子取牆人直人六月壬午王子朝入于尹癸未尹圍誘劉佗殺之丙

戌單子從阪道劉子從尹道伐尹單子先至而敗劉子還己丑召伯奐南宮極以成周人戍尹庚寅單子劉子樊齊以王如劉甲午王子朝入于王城次于左巷秋七月戊申鄩羅納諸莊宮尹辛敗劉師于唐丙辰又敗諸鄩甲子尹辛取西闈丙寅攻蒯蒯潰

秋七月莒子庚輿來奔

莒子庚輿虐而好劍苟鑄劍必試諸人國人患之又將叛齊烏存帥國人以逐之庚輿將出聞

烏存執殳而立於道左懼將止死苑羊牧之曰君過之烏存以力聞可矣何必以弑君成名遂來奔齊人納郊公

戊辰吳敗頓胡沈蔡陳許之師于雞父胡子髡沈子逞滅獲陳夏齧

吳人伐州來楚薳越帥師及諸侯之師奔命救州來吳人禦諸鍾離子瑕卒楚師熸吳公子光曰諸侯從於楚者衆而皆小國也畏楚而不獲已是以來吾聞之曰作事威克其愛雖小必濟

調朱錄

機由生語略費辭然點濃厚

三軍帥排戰後是變法敘

胡沈之君幼而狂陳大夫齧壯而頑頓與許蔡疾楚政楚令尹死其師熸帥賤多寵政令不壹七國同役而不同心帥賤而不能整無大威命楚可敗也若分師先以犯胡沈與陳必先奔三國敗諸侯之師乃搖心矣諸侯乖亂楚必大奔請先者去備薄威後者敦陳整旅吳子從之戊辰晦戰于雞父吳子以罪人三千先犯胡沈與陳三國爭之吳爲三軍以繫於後中軍從王光帥右掩餘帥左吳之罪人或奔或止三國亂吳

師擊之三國敗獲胡沈之君及陳大夫舍胡沈之囚使奔許與蔡頓曰吾君死矣師譟而從之三國奔楚師大奔書曰胡子髡沈子逞滅獲陳夏齧君臣之辭也不言戰楚未陳也

天王居于狄泉

尹氏立王子朝

八月乙未地震

○八月丁酉南宮極震萇弘謂劉文公曰君其勉之先君之力可濟也周之亡也其三川震今西

王之大臣亦震天弃之矣東王必大克

○楚太子建之母在鄍召吳人而啓之冬十月甲申吳大子諸樊入鄍取楚夫人與其寶器以歸楚司馬薳越追之不及將死衆曰請遂伐吳以徼之薳越曰再敗君師死且有罪亡君夫人不可以莫之死也乃縊於薳澨

冬公如晉至河有疾乃復

公爲叔孫故如晉及河有疾而復

○楚囊瓦爲令尹城郢沈尹戌曰子常必亡郢苟

高論

此語在今古已熟

不能衞城無益也古者天子守在四夷天子卑守在諸侯諸侯守在四鄰諸侯卑守在四竟愼其四竟結其四援民狎其野三務成功民無內憂而又無外懼國焉用城今吳是懼而城於郢守已小矣卑之不獲能無亡乎昔梁伯溝其公宮而民潰民弃其上不亡何待夫正其疆埸脩其土田險其走集親其民人明其伍候信其鄰國愼其官守守其交禮不僭不貪不懦不耆完其守備以待不虞又何畏矣詩曰無念爾祖聿

脩厥德無亦監乎若敖蚡冒至于武文土不過
同慎其四竟猶不城郢今土數圻而郢是城不
亦難乎

二十有四年

○二十四年春王正月辛丑召簡公南宮嚚以甘
桓公見王子朝劉子謂萇弘曰甘氏又往矣對
曰何害同德度義大誓曰紂有億兆夷人亦有
離德余有亂臣十人同心同德此周所以興也
君其務德無患無人戊午王子朝入于鄔

春王二月丙戌仲孫貜卒

婼至自晉

晉士彌牟逆叔孫于箕叔孫使梁其踁待于門內曰余左顧而欬乃殺之右顧而笑乃止叔孫見士伯士伯曰寡君以爲盟主之故是以久子不腆敝邑之禮將致諸從者使牟彌逆吾子叔孫受禮而歸二月婼至自晉尊晉也

○三月庚戌晉侯使士景伯涖問周故士伯立于乾祭而問於介衆晉人乃辭王子朝不納其使

佳喻

夏五月乙未朔日有食之

夏五月乙未朔日有食之梓慎曰將水昭子曰旱也日過分而陽猶不克克必甚能無旱乎陽不克莫將積聚也

○六月壬申王子朝之師攻瑕及杏皆潰

○鄭伯如晉子大叔相見范獻子獻子曰若王室何對曰老夫其國家不能恤敢及王室抑人亦有言曰嫠不恤其緯而憂宗周之隕爲將及焉今王室實蠢蠢焉吾小國懼矣然大國之憂也

怪事

吾儕何知焉吾子其早圖之詩曰缾之罄矣惟罍之恥王室之不寧晉之恥也獻子懼而與宣子圖之乃徵會於諸侯期以明年

秋八月大雩

秋八月大雩旱也

丁酉杞伯郁釐卒

○冬十月癸酉王子朝用成周之寶珪于河甲戌津人得諸河上陰不佞以溫人南侵拘得玉者取其玉將賣之則爲石王定而獻之與之東訾

此句法亦好然此傳亦常用

冬吳滅巢

楚子爲舟師以畧吳疆沈尹戌曰此行也楚必亡邑不撫民而勞之吳不動而速之吳踵楚而疆埸無備邑能無亡乎越大夫胥犴勞王於豫章之汭越公子倉歸王乘舟倉及壽夢帥師從王王及圉陽而還吳人踵楚而邊人不備遂滅巢及鍾離而還沈尹戌曰亡郢之始於此在矣王一動而亡二姓之帥幾如是而不及郢詩曰誰生厲階至今爲梗其王之謂乎

葬杞平公

二十有五年春叔孫婼如宋

二十五年春叔孫婼聘于宋桐門右師見之語甲宋大夫而賤司城氏昭子告其人曰右師其亡乎君子貴其身而後能及人是以有禮今夫子甲其大夫而賤其宗是賤其身也能有禮乎無禮必亡宋公享昭子賦新宮昭子賦車轄明日宴飲酒樂宋公使昭子右坐語相泣也樂祁佐退而告人曰今茲君與叔孫其皆死乎吾聞

之哀樂而樂哀皆喪心也心之精爽是謂魂魄
魂魄去之何以能久季公若之姊爲小邾夫人
生宋元夫人生子以妻季平子昭子如宋聘且
逆之公若從謂曹氏勿與魯將逐之曹氏告公
公告樂祁樂祁曰與之如是魯君必出政在季
氏三世矣魯君喪政四公矣無民而能逞其志
者未之有也國君是以鎮撫其民詩曰人之云
亡心之憂矣魯君失民矣焉得逞其志靖以待
命猶可動必憂

夏叔詣會晉趙鞅宋樂大心衛北宮喜鄭游吉曹人邾人滕人薛人小邾人于黄父

夏會于黄父謀王室也趙簡子令諸侯之大夫輸王粟具戍人曰明年將納王子大叔見趙簡子簡子問揖讓周旋之禮焉對曰是儀也非禮也簡子曰敢問何謂禮對曰吉也聞諸先大夫子産曰夫禮天之經也地之義也民之行也天地之經而民實則之則天之明因地之性生其六氣用其五行氣爲五味發爲五色章爲五聲

略有排法然大率平緩無警策

淫則昏亂民失其性是故爲禮以奉之爲六畜五牲三犧以奉五味爲九文六采五章以奉五色爲九歌八風七音六律以奉五聲爲君臣上下以則地義爲夫婦外內以經二物爲父子兄弟姑姊甥舅昏媾姻亞以象天明爲政事庸力行務以從四時爲刑罰威獄使民畏忌以類其震曜殺戮爲溫慈惠和以效天之生殖長育民有好惡喜怒哀樂生于六氣是故審則宜類以制六志哀有哭泣樂有歌舞喜有施舍怒有戰

鬪喜生於好怒生於惡是故審行信令禍福賞罰以制死生生好物也死惡物也好物樂也惡物哀也哀樂不失乃能恊于天地之性是以長久簡子曰甚哉禮之大也對曰禮上下之紀天地之經緯也民之所以生也是以先王尚之故人之能自曲直以赴禮者謂之成人大不亦宜乎簡子曰鞅也請終身守此言也宋樂大心曰我不輸粟我於周爲客若之何使客晉士伯曰自踐土以來宋何役之不會而何盟之不同曰

絕工備銘似斷續成者不類風謠或左公有潤色

同恤王室子焉得辟之子奉君命以會大事而宋背盟無乃不可乎右師不敢對受牒而退士伯告簡子曰宋右師必亡奉君命以使而欲背盟以干盟主無不祥大焉

有鸜鵒來巢

有鸜鵒來巢書所無也師己曰異哉吾聞文成之世童謠有之曰鸜之鵒之公出辱之鸜鵒之羽公在外野往饋之馬鸜鵒跦跦公在乾侯徵褰與襦鸜鵒之巢遠哉遙遙裯父喪勞宋父以

瑣敘處見悅

驕鸜鵒鸜鵒往歌來哭童謠有是今鸜鵒來巢其將及乎

秋七月上辛大雩季辛又雩

秋書再雩旱甚也

九月巳亥公孫于齊次于陽州齊侯唁公于野井

初季公鳥娶妻於齊鮑文子生申公鳥死季公亥與公思展與公鳥之臣申夜姑相其室及季姒與饔人檀通而懼乃使其妾抶巳以示秦遄之妻曰公若欲使余余不可而抶余又訴於公

三段明楚不紊

甫曰展與夜姑將要余秦姬以告公之公之與公甫告平子平子拘展於卞而執夜姑將殺之公若泣而哀之曰殺是是殺余也將爲之請平子使豎勿內日中不得請有司逆命公之使速殺之故公若怨平子季郈之雞鬬季氏介其雞郈氏爲之金距平子怒益宮於郈氏且讓之故郈昭伯亦怨平子臧昭伯之從弟會爲讒於臧氏而逃於季氏臧氏執旃平子怒拘臧氏老將禘於襄公萬者二人其衆萬於季氏臧孫曰此

叙三怨緣由詳核此下語未甚淳

三人應前

之謂不能庸先君之廟大夫遂怨平子公若獻弓於公爲且與之出射於外而謀去季氏公爲告公果公賁公果公賁使侍人僚柤告公公寢將以戈擊之乃走公曰執之亦無命也懼而不出數月不見公不怒又使言公執戈以懼之乃走又使言公曰非小人之所及也公果自言公以告臧孫臧孫以難告郈孫郈孫以可勸告子家懿伯懿伯曰讒人以君徼幸事若不克君受其名不可爲也舍民數世以求克事不可必也

且政在焉其難圖也公退之辭曰臣與聞命矣言若洩臣不獲死乃館於公叔孫昭子如闞公居於長府九月戊戌伐季氏殺公之于門遂入之平子登臺而請曰君不察臣之罪使有司討臣以干戈臣請待於沂上以察罪弗許請囚于費弗許請以五乘亡弗許子家子曰君其許之政自之出久矣隱民多取食焉爲之徒者衆矣日入慝作弗可知也衆怒不可蓄也蓄而弗治將蘊蘊蓄民將生心生心同求將合君必悔之

寫情狀宛然

有境

意高語簡妙

弗聽郈孫曰必殺之公使郈孫逆孟懿子叔孫氏之司馬鬷戾言於其衆曰若之何莫對又曰我家臣也不敢知國凡有季氏與無於我孰利皆曰無季氏是無叔孫氏也鬷戾曰然則救諸帥徒以往陷西北隅以入公徒釋甲執冰而踞遂逐之孟氏使登西北隅以望季氏見叔孫氏之旌以告孟氏執郈昭伯殺之于南門之西遂伐公徒子家子曰諸臣僞劫君者而負罪以出君止意如之事君也不敢不改公曰余不忍也

辭命

子家子節節有識此又抗不聽懿伯處是態

與臧孫如墓謀遂行已亥公孫于齊次于陽州齊侯將唁公于平陰公先至于野井齊侯曰寡人之罪也使有司待于平陰爲近故也書曰公孫于齊次于陽州齊侯唁公于野井禮也將求於人則先下之禮之善物也齊侯曰自莒疆以西請致千社以待君命寡人將帥敝賦以從執事唯命是聽君之憂寡人之憂也公喜子家子曰天祿不再天若胙君不過周公以魯足矣失魯而以千社爲臣誰與之立且齊君無信不如

意精而語未
工此是錄法
未盡

早之晉弗從臧昭伯率從者將盟載書曰戮力壹心好惡同之信罪之有無繾綣從公無通外內以公命示子家子子家子曰如此吾不可以盟羈也不佞不能與二三子同心而以爲皆有罪或欲通外內且欲去君二三子好亡而惡定焉可同也陷君於難罪孰大焉通外內而去君君將速入弗通何爲而何守焉乃不與盟

冬十月戊辰叔孫婼卒

昭子自闞歸見平子平子稽顙曰子若我何昭

子曰人誰不死子以逐君成名子孫不忘不亦傷乎將若子何平子曰苟使意如得改事君所謂生死而肉骨也昭子從公于齊與公言子家子命適公館者執之公與昭子言於幄內曰將安衆而納公公徒將殺昭子伏諸道左師展告公公使昭子自鑄歸平子有異志冬十月辛酉昭子齊於其寢使祝宗祈死戊辰卒左師展將以公乘馬而歸公徒執之

○壬申尹文公涉于鞏焚東訾弗克

辭命

十有一月己亥宋公佐卒于曲棘

十一月宋元公將爲公故如晉夢大子欒卽位於廟己與平公服而相之旦召六卿公曰寡人不佞不能事父兄以爲二三子憂寡人之罪也若以羣子之靈獲保首領以歿唯是楄柎所以藉幹者請無及先君仲幾對曰君若以社稷之故私降昵宴羣臣弗敢知若夫宋國之法死生之度先君有命矣羣臣以死守之弗敢失隊臣之失職常刑不赦臣不忍其死君命祗辱宋公

遂行己亥卒于曲棘

十有二月齊侯取鄆

十二月庚辰齊侯圍鄆

○初臧昭伯如晉臧會竊其寶龜僂句以卜爲信與僭僭吉臧氏老將如晉問會請往昭伯問家故盡對及内子與母弟叔孫則不對再三問不對歸及郊會逆問又如初至次于外而察之皆無之執而戮之逸奔郈郈魴假使爲賈正焉計於季氏臧氏使五人以戈楯伏諸桐汝之閭會

城其池常用郭字新

出逐之反奔執諸季氏中門之外平子怒曰何故以兵入吾門拘臧氏老季臧有惡及昭伯從公平子立臧會會曰僂句不余欺也

○楚子使薳射城州屈復茄人焉城丘皇遷訾人焉使熊相禖郭巢季然郭卷子大叔聞之曰楚王將死矣使民不安其土民必憂憂將及王弗能久矣

二十有六年

○二十六年春王正月庚申齊侯取鄆

曲敘有情致

春王正月葬宋元公

葬宋元公如先君禮也

三月公至自齊居于鄆

三月公至自齊處于鄆言魯地也

夏公圍成

夏齊侯將納公命無受魯貨申豐從女賈以幣錦二兩縛一如瑱適齊師謂子猶之人高齮能貨子猶爲高氏後粟五千庾高齮以錦示子猶子猶欲之齮曰魯人買之百兩一布以道之不

謬論却入人深

遏先入幣財子猶受之言於齊侯曰羣臣不盡力于魯君者非不能事君也然據有異焉宋元公爲魯君如晉卒于曲棘叔孫昭子求納其君無疾而死不知天之弃魯耶抑魯君有罪於鬼神故及此也君若待于曲棘使羣臣從魯君以卜焉若可師有濟也君而繼之兹無敵矣若其無成君無辱焉齊侯從之使公子鉏帥師從公成大夫公孫朝謂平子曰有都以衛國也請我受師許之請納質弗許曰信女足矣告于齊師

有錬法

儘入細但節奏尚未極

曰孟氏魯之敝室也用咸巳甚弗能恐也請息肩于齊齊師圍成成人伐齊師之飲馬于淄者曰將以厭衆魯成備而後告曰不勝衆師及齊師戰于炊鼻齊子淵捷從洩聲子射之中楯瓦繇朐汰輈匕入者三寸聲子射其馬斬鞅殪改駕人以爲鬷戾也而助之子車曰齊人也將擊子車子車射之殪其御曰又之子車曰衆可懼也而不可怒也子囊帶從野洩叱之洩曰軍無私怒報乃私也將亢子又叱之亦叱之冉豎射

陳武子中手失弓而罵以告平子曰有君子白晳鬒鬚眉甚口平子曰必子彊也無乃亢諸對曰謂之君子何敢亢之林雍羞爲顏鳴右下苑何忌取其耳顏鳴去之苑子之御曰視下顧苑子刜林雍斷其足鑋而乘於他車以歸顏鳴三入齊師呼曰林雍乘

○四月單子如晉告急五月戊午劉人敗王城之師于尸氏戊辰王城人劉人戰于施谷劉師敗績

秋公會齊侯莒子邾子杞伯盟于鄟陵

秋盟于鄟陵謀納公也

公至自會居于鄆

○七月己巳劉子以王出庚午次于渠王城人焚

劉丙子王宿于褚氏丁丑王次于萑谷庚辰王

入于胥靡辛巳王次于滑晉知躒趙鞅帥師納

王使女寬守闕塞

九月庚申楚子居卒

九月楚平王卒令尹子常欲立子西曰大子壬

弱其母非適也王子建實聘之子西長而好善立長則順建善則治王順國治可不務乎子西怒曰是亂國而惡君王也國有外援不可瀆也王有適嗣不可亂也敗親速讐亂嗣不祥我受其名賂吾以天下吾滋不從也楚國何爲必殺令尹令尹懼乃立昭王

冬十月天王入于成周　尹氏召伯毛伯以王子朝奔楚

冬十月丙申王起師于滑辛丑在郊遂次于尸

此辭命大旨平々舖去々有層節第此未入妙境

十一月辛酉晉師克鞏召伯盈逐王子朝及召氏之族毛伯得尹氏固南宮嚚奉周之典籍以奔楚陰忌奔莒以叛召伯逆王于尸及劉子單子盟遂軍圉澤次于隄上癸酉王入于成周甲戌盟于襄宮晉師使成公般戍周而還十二月癸未王入于莊宮王子朝使告于諸侯曰昔武王克殷成王靖四方康王息民竝建母弟以蕃屏周亦曰吾無專享文武之功且爲後人之迷敗傾覆而溺入于難則振救之至于夷

王王愆于厥身諸侯莫不竝走其望以祈王身
至于厲王王心戾虐萬民弗忍居王于彘諸侯
釋位以閒王政宣王有志而後效官至于幽王
天不弔周王昏不若用愆厥位攜王奸命諸侯
替之而建王嗣用遷郟鄏則是兄弟之能用力
於王室也至于惠王天不靖周生頹禍心施于
叔帶惠襄辟難越去王都則有晉鄭咸黜不端
以綏定王家則是兄弟之能率先王之命也在
定王六年秦人降妖曰周其有頿王亦克能脩

連七簡四字句覺重拙

其職諸侯服享二世共職王室其有間王位諸侯不圖而受其亂災至于靈王生而有頿王甚神聖無惡於諸侯靈王景王克終其世今王室亂單旗劉狄剝亂天下壹行不若謂先王何常之有唯余心所命其誰敢討之帥羣不弔之人以行亂于王室侵欲無厭規求無度貫瀆鬼神慢弃刑法倍奸齊盟傲很威儀矯誣先王晉爲不道是攝是贊思肆其罔極茲不穀震盪播越竄在荆蠻未有攸厎若我一二兄弟甥舅奬順

天法無助狡猾以從先王之命毋速天罰赦圖不穀則所願也敢盡布其腹心及先王之經而諸侯實深圖之昔先王之命曰王后無適則擇立長年鈞以德德鈞以卜王不立愛公卿無私古之制也穆后及太子壽早夭卽世單劉贊私立少以閒先王亦唯伯仲叔季圖之閔馬父聞子朝之辭曰文辭以行禮也子朝干景之命遠晉之大以專其志無禮甚矣文辭何爲

○齊有彗星齊侯使禳之晏子曰無益也祇取誣

焉天道不諂不貳其命若之何禳之且天之有彗也以除穢也君無穢德又何禳焉若德之穢禳之何損詩曰惟此文王小心翼翼昭事上帝聿懷多福厥德不回以受方國君無違德方國將至何患於彗詩曰我無所監夏后及商用亂之故民卒流亡若德回亂民將流亡祝史之爲無能補也公說乃止

○齊侯與晏子坐于路寢公歎曰美哉室其誰有此乎晏子曰敢問何謂也公曰吾以爲在德對

曰如君之言其陳氏乎陳氏雖無大德而有施於民豆區釜鍾之數其取之公也薄其施之民也厚公厚斂焉陳氏厚施焉民歸之矣詩曰雖無德與女式歌且舞陳氏之施民歌舞之矣後世若少惰陳氏而不亡則國其國也已公曰善哉是可若何對曰唯禮可以已之在禮家施不及國民不遷農不移工賈不變士不濫官不滔大夫不收公利公曰善哉我不能矣吾今而後知禮之可以爲國也對曰禮之可以爲國也久

矣與天地竝君令臣共父慈子孝兄愛弟敬夫和妻柔姑慈婦聽禮也君令而不違臣共而不貳父慈而教子孝而箴兄愛而友弟敬而順夫和而義妻柔而正姑慈而從婦聽而婉禮之善物也公曰善哉寡人今而後聞此禮之上也對曰先王所稟於天地以爲其民也是以先王上之

二十有七年春公如齊公至自齊居于鄆

二十七年春公如齊公至自齊處于鄆言在外

也。

夏四月吳弒其君僚

吳子欲因楚喪而伐之使公子掩餘公子燭庸帥師圍潛使延州來季子聘于上國遂聘于晉以觀諸侯楚右尹然工尹麇帥師救潛左司馬沈尹戌帥都君子與王馬之屬以濟師與吳師遇于窮令尹子常以舟師及沙汭而還左尹郤宛工尹壽帥師至于潛吳師不能退吳公子光曰此時也弗可失也告鱄設諸曰上國有言曰

寫事窮躍如乃字蹤向錄無一語不工絶殊文而快敍最不易得

不索何獲我王嗣也吾欲求之事若克季子雖至不吾廢也鱄設諸曰王可弒也母老子弱是無若我何光曰我爾身也夏四月光伏甲於堀室而享王王使甲坐於道及其門門階戶席皆王親也夾之以鈹羞者獻體改服於門外執羞者坐行而入執鈹者夾承之及體以相授也光僞足疾入于堀室鱄設諸寘劒於魚中以進抽劒刺王鈹交於胷遂弒王闔廬以其子爲卿季子至曰苟先君無廢祀民人無廢主社稷有奉

國家無傾乃吾君也吾誰敢怨哀死事生以待天命非我生亂立者從之先人之道也復命哭墓復位而待吳公子掩餘奔徐公子燭庸奔鍾吾楚師聞吳亂而還

楚殺其大夫郤宛

郤宛直而和國人說之鄢將師爲右領與費無極比而惡之令尹子常賄而信讒無極譖郤宛焉謂子常曰子惡欲飲子酒又謂子惡令尹欲飲酒於子氏子惡曰我賤人也不足以辱令尹

令尹將必來辱爲惠已甚吾無以酬之若何無極曰令尹好甲兵子出之吾擇焉取五甲五兵曰寘諸門令尹至必觀之而從以酬之及饗日帷諸門左無極謂令尹曰吾幾禍子子惡將爲子不利甲在門矣子必無往且此役也吴可以得志子惡取賂焉而還又誤羣帥使退其師曰乘亂不祥吴乘我喪我乘其亂不亦可乎令尹使視郤氏則有甲焉不往召鄢將師而告之將師退遂令攻郤氏且爇之子惡聞之遂自殺也

此姿態亦新

國人弗爇令曰不爇郤氏與之同罪或取一編菅焉或取一秉秆焉國人投之遂弗爇也令尹炮之盡滅郤氏之族黨殺陽令終與其弟完及佗與晉陳及其子弟晉陳之族呼於國曰鄢氏費氏自以爲王專禍楚國弱寡王室蒙王與令尹以自利也令尹盡信之矣國將如何令尹病之

秋晉士鞅宋樂祁犁衛北宮喜曹人邾人滕人會于扈

亦有筆法

秋會于扈令戍周且謀納公也宋衛皆利納公固請之范獻子取貨於季孫謂司城子梁與北宮貞子曰季孫未知其罪而君伐之請囚請亡於是乎不獲君又弗克而自出也夫豈無備而能出君乎季氏之復天救之也休公徒之怒而啟叔孫氏之心不然豈其伐人而說甲執冰以游叔孫氏懼禍之濫而自同於季氏天之道也魯君守齊三年而無成季氏甚得其民淮夷與之有十年之備有齊楚之援有天之贊有民之

助有堅守之心有列國之權而弗敢宣也事君如在國故鞅以爲難二子皆圖國者也而欲納魯君鞅之願也請從二子以圍魯無成死之二子懼皆辭乃辭小國而以難復

○孟懿子陽虎伐鄆鄆人將戰子家子曰天命不慆久矣使君亡者必此衆也天旣禍之而自福也不亦難乎猶有鬼神此必敗也嗚呼爲無望也夫其死於此乎公使子家子如晉公徒敗于且知

〇楚郤宛之難國言未已進胙者莫不謗令尹沈尹戌言於子常曰夫左尹與中廄尹莫知其罪而子殺之以興謗讟至于今不已戌也惑之仁者殺人以掩謗猶弗爲也今吾子殺人以興謗而弗圖不亦異乎夫無極楚之讒人也民莫不知去朝吳出蔡侯朱喪大子建殺連尹奢屏王之耳目使不聰明不然平王之溫惠共儉有過成莊無不及焉所以不獲諸侯邇無極也今又殺三不辜以興大謗幾及子矣子而不圖將焉

一意分仁知前後吊相應秀句婉收益近戰國

用之夫鄢將師矯子之命以滅三族國之良也而不愆位吳新有君疆埸日駭楚國若有大事子其危哉知者除讒以自安也今子愛讒以自危也甚矣其惑也子常曰是瓦之罪敢不良圖九月己未子常殺費無極與鄢將師盡滅其族以說于國謗言乃止

冬十月曹伯午卒

邾快來奔

公如齊公至自齊居于鄆

冬公如齊齊侯請饗之子家子曰朝夕立於其朝又何饗焉其飲酒也乃飲酒使宰獻而請安子仲之子曰重爲齊侯夫人曰請使重見子家子乃以君出

○十二月晉籍秦致諸侯之戍于周魯人辭以難

二十有八年春王三月葬曹悼公

公如晉次于乾侯

二十八年春公如晉將如乾侯子家子曰有求於人而即其安人孰矜之其造於竟弗聽使請

逆於晉晉人曰天禍魯國君淹恤在外君亦不使一个辱在寡人而即安甥舅其亦使逆君使公復于竟而後逆之

夏四月丙戌鄭伯寧卒

六月葬鄭定公

○晉祁勝與鄔臧通室祁盈將執之訪於司馬叔游叔游曰鄭書有之惡直醜正實蕃有徒無道立矣子懼不免詩曰民之多辟無自立辟姑已若何盈曰祁氏私有討國何有焉遂執之祁勝

快語甚勁有力

陗語

賂荀躒荀躒爲之言於晉侯晉侯執祁盈祁盈之臣曰鈞將皆死憖使吾君聞勝與臧之死也以爲快乃殺之夏六月晉殺祁盈及楊食我食我祁盈之黨也而助亂故殺之遂滅祁氏羊舌氏初叔向欲娶於申公巫臣氏其母欲娶其黨叔向曰吾母多而庶鮮吾懲舅氏矣其母曰子靈之妻殺三夫一君一子而亡一國兩卿矣可無懲乎吾聞之甚美必有甚惡是鄭穆少妃姚子之子子貉之妹也子貉早死無後而天鍾美

妙論

尤物字于今已陳

走謁二字似可省然波瀾姿態正在此等處

於是將必以是大有敗也昔有仍氏生女黰黑而甚美光可以鑑名曰玄妻樂正后夔取之生伯封實有豕心貪惏無饜忿纇無期謂之封豕有窮后羿滅之夔是以不祀且三代之亡共子之廢皆是物也女何以爲哉夫有尤物足以移人苟非德義則必有禍叔向懼不敢取平公強使取之生伯石伯石始生子容之母走謁諸姑曰長叔姒生男姑視之及堂聞其聲而還曰是豺狼之聲也狼子野心非是莫喪羊舌氏矣遂

弗視

秋七月癸巳滕子寧卒

○秋晉韓宣子卒魏獻子爲政分祁氏之田以爲七縣分羊舌氏之田以爲三縣司馬彌牟爲鄔大夫賈辛爲祁大夫司馬烏爲平陵大夫魏戊爲梗陽大夫知徐吾爲塗水大夫韓固爲馬首大夫孟丙爲盂大夫樂霄爲銅鞮大夫趙朝爲平陽大夫僚安爲楊氏大夫謂賈辛司馬烏爲有力於王室故舉之謂知徐吾趙朝韓固魏戊

何用述如許繁而不切

餘子之不失職能守業者也其四人者皆受縣而後見於魏子以賢舉也魏子謂成鱄吾與戊也縣人其以我爲黨乎對曰何也戊之爲人也遠不忘君近不偪同居利思義在約思純有守心而無淫行雖與之縣不亦可乎昔武王克商光有天下其兄弟之國者十有五人姬姓之國者四十人皆舉親也夫舉無他唯善所在親疏一也詩曰唯此文王帝度其心莫其德音其德克明克明克類克長克君王此大國克順克

曲逆有致

比比于文王其德靡悔既受帝祉施于孫子心能制義曰度德正應和曰莫照臨四方曰明勤施無私曰類教誨不倦曰長賞慶刑威曰君慈和徧服曰順擇善而從之曰比經緯天地曰文九德不愆作事無悔故襲天祿子孫賴之主之舉也近文德矣所及其遠哉賈辛將適其縣見於魏子魏子曰辛來昔叔向適鄭鬷蔑惡欲觀叔向從使之收器者而往立於堂下一言而善叔向將飲酒聞之曰必鬷明也下執其手以上

曰昔賈大夫惡娶妻而美三年不言不笑御以如皐射雉獲之其妻始笑而言賈大夫曰才之不可以已我不能射女遂不言不笑夫今子少不颺子若無言吾幾失子矣言之不可以已也如是遂如故知今女有力於王室吾是以舉女行乎敬之哉母墮乃力仲尼聞魏子之舉也以爲義曰近不失親遠不失舉可謂義矣又聞其命賈辛也以爲忠詩曰永言配命自求多福忠也魏子之舉也義其命也忠其長有後於晉國

精銳有妙致

抑揚妙大有姿態

平

冬葬滕悼公

○冬梗陽人有獄魏戊不能斷以獄上其大宗賂以女樂魏子將受之魏戊謂閻沒女寬曰主以不賄聞於諸侯若受梗陽人賄莫甚焉吾子必諫皆許諾退朝待於庭饋入召之比置三歎既食使坐魏子曰吾聞諸伯叔諺曰唯食忘憂吾子置食之間三歎何也同辭而對曰或賜二小人酒不夕食饋之始至恐其不足是以歎中置

醞籍可諷詠興祁招之詩同調洗妝有韻更無容多着一語

自咎曰豈將軍食之而有不足是以再歎及饋之畢願以小人之腹爲君子之心屬厭而已獻子辭梗陽人

二十有九年春公至自乾侯居于鄆齊侯使高張來唁公　公如晉次于乾侯

二十九年春公至自乾侯處于鄆齊侯使高張來唁公稱主君子家子曰齊卑君矣君祇辱焉公如乾侯

○三月己卯京師殺召伯盈尹氏固及原伯魯之

與僖孟同宜然彼詳此正叙亦有醞藉

子尹固之復也有婦人遇之周郊尤之曰處則勸人爲禍行則數日而反是夫也其過三歲乎

夏四月庚子叔詣卒

○夏五月庚寅王子趙車入于鄻以叛陰不佞敗之

○平子每歲賈馬具從者之衣屨而歸之于乾侯公執歸馬者賣之乃不歸馬衞侯來獻其乘馬曰啓服塹而死公將爲之櫝子家子曰從者病矣請以食之乃以帷裹之公賜公衍羔裘使獻

龍輔於齊侯遂入羔裘齊侯喜與之陽穀公衍公爲之生也其母偕出公衍先生公爲之母曰相與偕出請相與偕告三日公爲生其母先以告公爲爲兄公私喜於陽穀而思於魯曰務人爲此禍也且後生而爲兄其誣也久矣乃黜之而以公衍爲大子

秋七月

○秋龍見于絳郊魏獻子問於蔡墨曰吾聞之蟲莫知於龍以其不生得也謂之知信乎對曰人

存典故

實不知非龍實知古者畜龍故國有豢龍氏有御龍氏獻子曰是二氏者吾亦聞之而不知其故是何謂也對曰昔有飂叔安有裔子曰董父實甚好龍能求其耆欲以飲食之龍多歸之乃擾畜龍以服事帝舜帝賜之姓曰董氏曰豢龍封諸鬷川鬷夷氏其後也故帝舜氏世有畜龍及有夏孔甲擾于有帝帝賜之乘龍河漢各二各有雌雄孔甲不能食而未獲豢龍氏有陶唐氏既衰其後有劉累學擾龍于豢龍氏以事孔

甲能飲食之夏后嘉之賜氏曰御龍以更豕韋之後龍一雌死潛醢以食夏后夏后饗之既而使求之懼而遷於魯縣范氏其後也獻子曰今何故無之對曰夫物物有其官官脩其方朝夕思之一日失職則死及之失官不食官宿其業其物乃至若泯弃之物乃坻伏鬱湮不育故有五行之官是謂五官實列受氏姓封爲上公祀爲貴神社稷五祀是尊是奉木正曰句芒火正曰祝融金正曰蓐收水正曰玄冥土正曰后土

龍水物也水官弃矣故龍不生得不然周易有之在乾䷀之姤䷫曰潛龍勿用其同人䷌曰見龍在田其大有䷍曰飛龍在天其夬䷪曰亢龍有悔其坤䷁曰見羣龍无首吉坤之剝䷖曰龍戰于野若不朝夕見誰能物之獻子曰社稷五祀誰氏之五官也對曰少皞氏有四叔曰重曰該曰脩曰熙實能金木及水使重爲何芒該爲蓐收脩及熙爲玄冥世不失職遂濟窮桑此其三祀也顓頊氏有子曰犂爲祝融共工氏有子

六徵有筆法
而未録抄

曰句龍爲后土此其二祀也后土爲社稷田正
也有烈山氏之子曰柱爲稷自夏以上祀之周
弃亦爲稷自商以來祀之

冬十月鄆潰

○冬晉趙鞅荀寅帥師城汝濱遂賦晉國一鼓鐵
以鑄刑鼎著范宣子所爲刑書焉仲尼曰晉其
亡乎失其度矣夫晉國將守唐叔之所受法度
以經緯其民卿大夫以序守之民是以能尊其
貴貴是以能守其業貴賤不愆所謂度也文公

與炸句論刑書同意

易猶舊言以亡貿易之也

數語稍閒

是以作執秩之官爲被廬之法以爲盟主今弃是度也而爲刑鼎民在鼎矣（尚句）何以尊貴貴何業之守貴賤無序何以爲國且夫宣子之刑夷之蒐也晉國之亂制也若之何以爲法蔡史墨曰范氏中行氏其亡乎中行寅爲下卿而干上令擅作刑器以爲國法是法姦也又加范氏焉易之亡也其及趙氏趙孟與焉然不得已若德可以免

三十年春王正月公在乾侯

儘微婉有致然較之子產諸辭命尚隔一塵何者詰淺而力弱此是乏修飾潤色之功

三十年春王正月公在乾侯不先書鄆與乾侯非公且徵過也

夏六月庚辰晉侯去疾卒　秋八月葬晉頃公

夏六月晉頃公卒秋八月葬鄭游吉弔且送葬魏獻子使士景伯詰之曰悼公之喪子西弔子蟜送葬今吾子無貳何故對曰諸侯所以歸晉君禮也禮也者小事大大字小之謂事大在共其時命字小在恤其所無以敝邑居大國之閒共其職貢與其備御不虞之患豈忘共命先王

之制諸侯之喪士弔大夫送葬唯嘉好聘享三軍之事於是乎使卿晉之喪事敝邑之閒先君有所助執紼矣若其不閒雖士大夫有所不獲數矣大國之惠亦慶其加而不討其乏明底其情取備而已以爲禮也靈王之喪我先君簡公在楚我先大夫印段實往敝邑之少卿也王吏不討恤所無也今大夫曰女盍從舊舊有豐有省不知所從從其豐則寡君幼弱是以不共從其省則吉在此矣唯大夫圖之晉人不能詰

不甚鍊淨然亦勁有力

冬十有二月吳滅徐徐子章禹奔楚

吳子使徐人執掩餘使鍾吾人執燭庸二公子奔楚楚子大封而定其徙使監馬尹大心逆吳公子使居養莠尹然左司馬沈尹戌城之取於城父與胡田以與之將以害吳也子西諫曰吳光新得國而親其民視民如子辛苦同之將用之也若好吾邊疆使柔服焉猶懼其至吾又彊其讎以重怒之無乃不可乎吳周之胄裔也而弃在海濱不與姬通今而始大比于諸華光又

兩段是常調上三句以二乎字為勢是小變

此調法則純是戰國

甚文將自同於先王不知天將以爲虐乎使翦喪吴國而封大異姓乎其抑亦將卒以祚吴乎其終不遠矣我盍姑億吾鬼神而寧吾族姓以待其歸將焉用自播揚焉王弗聽吴子怒冬十二月吴子執鍾吾子遂伐徐防山以水之巳卯滅徐徐子章禹斷其髮攜其夫人以逆吴子吴子唁而送之使其邇臣從之遂奔楚楚沈尹戌帥師救徐弗及遂城夷使徐子處之

○吴子問於伍員曰初而言伐楚余知其可也而

恐其使余往也又惡人之有余之功也今余將自有之矣伐楚何如對曰楚執政衆而乖莫適任患若爲三師以肄焉一師至彼必皆出彼出則歸彼歸則出楚必道敝亟肄以罷之多方以誤之旣罷而後以三軍繼之必大克之闔廬從之楚於是乎始病

三十有一年春王正月公在乾侯

三十一年春王正月公在乾侯言不能外內也

季孫意如會晉荀躒于適歷

大槩精核有滋味

辭命勁鍊妙妙

晉侯將以師納公范獻子曰若召季孫而不來則信不臣矣然後伐之若何晉人召季孫獻子使私焉曰子必來我受其無咎季孫意如會晉荀躒于適歷荀躒曰寡君使躒謂吾子何故出君有君不事周有常刑子其圖之季孫練冠麻衣跣行伏而對曰事君臣之所不得也敢逃刑命君若以臣爲有罪請囚于費以待君之察也亦唯君若以先臣之故不絶季氏而賜之死若弗殺弗亡君之惠也死且不朽若得從君而歸

簡而醒透

亦簡有力

婉

則固臣之願也敢有異心

夏四月丁巳薛伯穀卒

薛伯穀卒同盟故書

晉侯使荀躒唁公于乾侯

夏四月季孫從知伯如乾侯子家子曰君與之歸一慙之不忍而終身慙乎公曰諾衆曰在一言矣君必逐之荀躒以晉侯之命唁公且曰寡君使躒以君命討於意如意如不敢逃死君其入也公曰君惠顧先君之好施及亡人將使歸

太峻

歸祭二字尤精妙

糞除宗祧以事君則不能見夫人已所能見夫人者有如河荀躒掩耳而走曰寡君其罪之恐敢與知魯國之難臣請復於寡君退而謂季孫君怒未怠予姑歸祭子家子曰君以一乘入于魯師季孫必與君歸公欲從之衆從者脅公不得歸

秋葬薛獻公

○秋吳人侵楚伐夷侵潛六楚沈尹戌帥師救潛吳師還楚師遷潛於南岡而還吳師圍弦左司

雖未甚淨然却跌宕有勢此亦是左氏變調

馬戌右司馬稽帥師救弦及豫章吳師還始用子胥之謀也

冬黑肱以濫來奔

冬邾黑肱以濫來奔賤而書名重地故也君子曰名之不可不慎也如是夫有所有名而不如其已以地叛雖賤必書地以名其人終爲不義弗可滅已是故君子動則思禮行則思義不爲利回不爲義疚或求名而不得或欲蓋而名章懲不義也齊豹爲衛司寇守嗣大夫作而不義

其書爲盜邾庶其莒牟夷邾黑肱以土地出求食而已不求其名賤而必書此二物者所以懲肆而去貪也若艱難其身以險危大人而有名章徹攻難之士將奔丢之若竊邑叛君以徼大利而無名貪冒之民將寘力焉是以春秋書齊豹曰盜三叛人名以懲不義數惡無禮其善志也故曰春秋之稱微而顯婉而辨上之人能使昭明善人勸焉淫人懼焉是以君子貴之

十有二月辛亥朔日有食之

十二月辛亥朔日有食之是夜也趙簡子夢童子臝而轉以歌旦占諸史墨曰吾夢如是今而日食何也對曰六年及此月也吳其入郢乎終亦弗克入郢必以庚辰日月在辰尾庚午之日日始有謫火勝金故弗克

三十有二年春王正月公在乾侯取闞

三十二年春王正月公在乾侯言不能外內又不能用其人也

夏吳伐越

辭命雅調第
文勢略縱又
常語亦多此
亦是鑪錘來
劉　一

夏吳伐越始用師於越也史墨曰不及四十年
越其有吳乎越得歲而吳伐之必受其凶
秋七月
冬仲孫何忌會晉韓不信齊高張宋仲幾衛世叔
申鄭國參曹人莒人薛人杞人小邾人城成周
秋八月王使富辛與石張如晉請城成周天子
曰天降禍于周俾我兄弟竝有亂心以爲伯父
憂我一二親昵甥舅不皇啓處於今十年勤戍
五年余一人無日忘之閔閔焉如農夫之望歲

懼以待時伯父若肆大惠復二文之業弛周室之憂徼文武之福以固盟主宣昭令名則余一人有大願矣昔成王合諸侯城成周以爲東都崇文德焉今我欲徼福假靈于成王脩成周之城俾戍人無勤諸侯用寧蝥賊遠屏晉之力也其委諸伯父使伯父實重圖之俾我一人無徵怨于百姓而伯父有榮施先王庸之范獻子謂魏獻子曰與其戍周不如城之天子實云雖有後事晉勿與知可也從王命以紓諸侯晉國無

憂是之不務而又焉從事魏獻子曰善使伯音對曰天子有命敢不奉承以奔告於諸侯遲速衰序於是焉在冬十一月晉魏舒韓不信如京師合諸侯之大夫于狄泉尋盟且令城成周魏子南面衞彪傒曰魏子必有大咎干位以令大事非其任也詩曰敬天之怒不敢戲豫敬天之渝不敢馳驅況敢干位以作大事乎巳丑士彌牟營成周計丈數揣高卑度厚薄仞溝洫物土方議遠邇量事期計徒庸慮材用書餱糧以令

役於諸侯屬役賦丈書以授帥而效諸劉子韓簡子臨之以爲成命

十有二月巳未公薨于乾侯

十二月公疾徧賜大夫大夫不受賜子家子雙琥一環一璧輕服受之大夫皆受其賜巳未公薨子家子反賜於府人曰吾不敢逆君命也大夫皆反其賜書曰公薨于乾侯言失其所也趙簡子問於史墨曰季氏出其君而民服焉諸侯與之君死於外而莫之或罪也對曰物生有兩

層層說去亦有布置法第終是淺易雖道淨而色不選

有三有五有陪貳故天有三辰地有五行體有左右各有妃耦王有公諸侯有卿皆有貳也天生季氏以貳魯侯爲日久矣民之服焉不亦宜乎魯君世從其失季氏世脩其勤民忘君矣雖死於外其誰矜之社稷無常奉君臣無常位自古以然故詩曰高岸爲谷深谷爲陵三后之姓於今爲庶主所知也在易卦雷乘乾曰大壯䷡天之道也昔成季友桓之季也文姜之愛子也始震而卜卜人謁之曰生有嘉聞其名曰友爲

公室輔及生如卜人之言有文在其手曰友遂以名之旣而有大功於魯受費以爲上卿至於文子武子世增其業不廢舊績魯文公薨而東門遂殺適立庶魯君於是乎失國政在季氏於此君也四公矣民不知君何以得國是以爲君愼器與名不可以假人

萬曆丙辰夏吳興閔齊華閔齊伋閔象泰

分次經傳

春秋左傳

定公

元年春王三月晉人執宋仲幾于京師

元年春王正月辛巳晉魏舒合諸侯之大夫于狄泉將以城成周魏子涖政衞彪傒曰將建天子而易位以令非義也大事奸義必有大咎晉不失諸侯魏子其不免乎是行也魏獻子屬役於韓簡子及原壽過而田於大陸焚焉還卒於甯范獻子去其柏椁以其未復命而田也孟懿

子會城成周庚寅栽宋仲幾不受功曰滕薛郳吾役也薛宰曰宋爲無道絕我小國於周以我適楚故我常從宋晉文公爲踐土之盟曰凡我同盟各復舊職若從踐土若從宋亦唯命仲幾曰踐土固然薛宰曰薛之皇祖奚仲居薛以爲夏車正奚仲遷于邳仲虺居薛以爲湯左相若復舊職將承王官何故以役諸侯仲幾曰三代各異物薛焉得有舊爲宋役亦其職也士彌牟曰晉之從政者新子姑受功歸吾視諸故府仲

幾曰縱子忘之山川鬼神其忘諸乎士伯怒謂韓簡子曰薛徵於人宋徵於鬼宋罪大矣且已無辭而抑我以神誣我也啟寵納侮其此之謂矣必以仲幾爲戮乃執仲幾以歸三月歸諸京師城三旬而畢乃歸諸侯之戍齊高張後不從諸侯晉女叔寬曰周萇弘齊高張皆將不免萇叔違天高子違人天之所壞不可支也衆之所爲不可奸也

夏六月癸亥公之喪至自乾侯戊辰公即位

亦只是淨雅迴婉致皆從淨生

無可下圈點處然自是佳初看覺佳再看却只如此佳是意達不耐再觀是辭未工

夏叔孫成子逆公之喪于乾侯季孫曰子家子亟言於我未嘗不中吾志也吾欲與之從政子必止之且聽命焉子家子不見叔孫易幾而哭叔孫請見子家子子家子辭曰羈未得見而從君以出君不命而薨羈不敢見叔孫使告之曰公衍公爲實使羣臣不得事君若公子宋主社稷則羣臣之願也凡從君出而可以入者將唯子是聽子家氏未有後季孫願與子從政此皆季孫之願也使不敢以告對曰若立君則有卿

雅語有調

如只是倒字句若云將溝公氏即順矣

士大夫與守龜在羈弗敢知若從君者則貌而出者入可也寇而出者行可也若羈也則君知其出也而未知其入也羈將逃也喪及壞隤公子宋先入從公者皆自壞隤反六月癸亥公之喪至自乾侯戊辰公卽位

秋七月癸巳葬我君昭公

季孫使役如闞公氏將溝焉榮駕鵝曰生不能事死又離之以自旌也縱子忍之後必或恥之乃止季孫問於榮駕鵝曰吾欲爲君謚使子孫

知之對曰生弗能事死又惡之以自信也將焉用之乃止秋七月癸巳葬昭公於墓道南孔子之爲司寇也溝而合諸墓

九月大雩

立煬宮

昭公出故季平子禱于煬公九月立煬宮

冬十月隕霜殺菽

○周鞏簡公弃其子弟而好用遠人

二年春王正月

○二年夏四月辛酉鞏氏之羣子弟賊簡公

○桐叛楚吳子使舒鳩氏誘楚人曰以師臨我我伐桐爲我使之無忌

夏五月壬辰雉門及兩觀災

秋楚人伐吳

秋楚囊瓦伐吳師于豫章吳人見舟于豫章而潛師于巢冬十月吳軍楚師于豫章敗之遂圍巢克之獲楚公子繁

冬十月新作雉門及兩觀

宜入下年

○邾莊公與夷射姑飲酒私出閽乞肉焉奪之杖以敲之

三年春王正月公如晉至河乃復

二月辛卯邾子穿卒

三年春二月辛卯邾子在門臺臨廷閽以缾水沃廷邾子望見之怒閽曰夷射姑旋焉命執之弗得滋怒自投于牀廢于鑪炭爛遂卒先葬以車五乘殉五人莊公卞急而好潔故及是

夏四月

細玩点有曲致而意味有覺不甚長此由語卒而力不動

秋葬邾莊公

○秋九月鮮虞人敗晉師于平中獲晉觀虎恃其勇也

冬仲孫何忌及邾子盟于拔

冬盟于郯脩邾好也

○蔡昭侯爲兩佩與兩裘以如楚獻一佩一裘於昭王昭王服之以享蔡侯蔡侯亦服其一子常欲之弗與三年止之唐成公如楚有兩肅爽馬子常欲之弗與亦三年止之唐人或相與謀請

代先從者許之飲先從者酒醉之竊馬而獻之子常子常歸唐侯自拘於司敗曰君以弄馬之故隱君身弃國家羣臣請相夫人以償馬必如之唐侯曰寡人之過也二三子無辱皆賞之蔡人聞之固請而獻佩于子常子常朝見蔡侯之徒命有司曰蔡君之久也官不共也明日禮不畢將死蔡侯歸及漢執玉而沈曰余所有濟漢而南者有若大川蔡侯如晉以其子元與其大夫之子爲質焉而請伐楚

四年春王二月癸巳陳侯吳卒
三月公會劉子晉侯宋公蔡侯衛侯陳子鄭伯許男曹伯莒子邾子頓子胡子滕子薛伯杞伯小邾子齊國夏于召陵侵楚　夏四月庚辰蔡公孫姓帥師滅沈以沈子嘉歸殺之　五月公及諸侯盟于皐鼬

四年春三月劉文公合諸侯于召陵謀伐楚也晉荀寅求貨於蔡侯弗得言於范獻子曰國家方危諸侯方貳將以襲敵不亦難乎水潦方降

疾瘧方起中山不服弃盟取怨無損於楚而失中山不如辭蔡侯吾自方城以來楚未可以得志祗取勤焉乃辭蔡侯晉人假羽旄於鄭鄭人與之明日或旆以會晉於是乎失諸侯將會衛子行敬子言於靈公曰會同難嘖有煩言莫之治也其使祝佗從公曰善乃使子魚子魚辭曰臣展四體以率舊職猶懼不給而煩刑書若又共二徼大罪也且夫祝社稷之常隸也社稷不動祝不出竟官之制也君以軍行祓社釁鼓祝

首一句點醒
魯是扯伴晉是微諷不甚濃映照稍有攝法餘波流動故雖使事多亦不板拙

奉以從於是乎出竟若嘉好之事君行師從卿行旅從臣無事焉公曰行也及皐鼬將長蔡於衛衛侯使祝佗私於萇弘曰聞諸道路不知信否若聞蔡將先衛信乎萇弘曰信蔡叔康叔之兄也先衛不亦可乎子魚曰以先王觀之則尚德也昔武王克商成王定之選建明德以藩屏周故周公相王室以尹天下於周為睦分魯公以大路大旂夏后氏之璜封父之繁弱殷民六族條氏徐氏蕭氏索氏長勺氏尾勺氏使帥其

誇衛

前詳于氏姓詳于土是盈法

宗氏輯其分族將其類醜以法則周公用卽命
于周是使之職事于魯以昭周公之明德分之
土田陪敦祝宗卜史備物典策官司彝器因商
奄之民命以伯禽而封於少皥之虛分康叔以
大路少帛綪茷旃旌大呂殷民七族陶氏施氏
繁氏錡氏樊氏饑氏終葵氏封畛土畧自武父
以南及圃田之北竟取於有閻之土以共王職
取於相土之東都以會王之東蒐聃季授土陶
叔授民命以康誥而封於殷虛皆啟以商政疆

周戎恐是八索之二

頓挫有勢

刺蔡

以周索分唐叔以大路密須之鼓闕鞏沽洗懷姓九宗職官五正命以唐誥而封於夏虛啟以夏政疆以戎索三者皆叔也而有令德故昭之以分物不然文武成康之伯猶多而不獲是分也唯不尚年也管蔡啟商惎閒王室王於是乎殺管叔而蔡蔡叔以車七乘徒七十人其子蔡仲改行帥德周公舉之以爲己卿士見諸王而命之以蔡其命書云王曰胡無若爾考之違王命也若之何其使蔡先衞也武王之母弟八人

總較諸同姓仍不離魯衛淋漓有態不云晉為侯伯但只云曹為伯甸是蛇法

周公爲大宰康叔爲司寇聃季爲司空五叔無官豈尚年哉曹文之昭也晉武之穆也曹爲伯甸非尚年也今將尚之是反先王也晉文公爲踐土之盟衛成公不在夷叔其母弟也猶先蔡其載書云王若曰晉重魯申衛武蔡甲午鄭捷齊潘宋王臣莒期藏在周府可覆視也吾子欲復文武之畧而不正其德將如之何萇弘説告劉子與范獻子謀之乃長衛侯於盟反自召陵鄭子大叔未至而卒晉趙簡子爲之臨甚哀曰

黄父之會夫子語我九言曰無始亂無怙富無恃寵無違同無敖禮無驕能無復怒無謀非德無犯非義沈人不會于召陵晉人使蔡伐之夏蔡滅沈

杞伯成卒于會

六月葬陳惠公

許遷于容城

秋七月公至自會

劉卷卒

欽戴丰濃朕有慝

葬杞悼公

楚人圍蔡

秋楚爲沈故圍蔡

晉士鞅衛孔圉帥師伐鮮虞

葬劉文公

冬十有一月庚午蔡侯以吴子及楚人戰于柏舉

楚師敗績楚囊瓦出奔鄭　庚辰吴入郢

伍員爲吴行人以謀楚楚之殺郤宛也伯氏之族出伯州犂之孫嚭爲吴大宰以謀楚楚自昭

此處錬句

兩郎語簡有致

王卽位無歲不有吳師蔡侯因之以其子乾與其大夫之子爲質於吳冬蔡侯吳子唐侯伐楚舍舟于淮汭自豫章與楚夾漢左司馬戌謂子常曰子沿漢而與之上下我悉方城外以毁其舟還塞大隧直轅冥阨子濟漢而伐之我自後擊之必大敗之既謀而行武城黑謂子常曰吳用木也我用革也不可久也不如速戰史皇謂子常楚人惡子而好司馬若司馬毁吳舟于淮塞城口而入是獨克吳也子必速戰不然不免

語喙常便覺勢緩

兩語緊嚴

乃濟漢而陳自小別至于大別三戰子常知不可欲奔史皇曰安求其事難而逃之將何所入子必死之初罪必盡說十一月庚午二師陳于柏舉闔盧之弟夫槩王晨請於闔盧曰楚瓦不仁其臣莫有死志先伐之其卒必奔而後大師繼之必克弗許夫槩王曰所謂臣義而行不待命者其此之謂也今日我死楚可入也以其屬五千先擊子常之卒子常之卒奔楚師亂吳師大敗之子常奔鄭史皇以其乘廣死吳從楚師

意常白哉道
渭

及淸發將擊之夫槩王曰困獸猶鬬況人乎若知不免而致死必敗我若使先濟者知免後者慕之蔑有鬬心矣半濟而後可擊也從之又敗之楚人爲食吳人及之奔食而從之敗之雍澨五戰及郢己卯楚子取其妹季芈畀我以出涉雎鍼尹固與王同舟王使執燧象以奔吳師庚辰吳入郢以班處宮子山處令尹之宮夫槩王欲攻之懼而去之夫槩王入之左司馬戌及息而還敗吳師于雍澨傷初司馬臣闔廬故恥爲

禽焉謂其臣曰誰能免吾首吳句卑曰臣賤可乎司馬曰我實失子可哉三戰皆傷曰吾不可用也已句卑布裳剄而裹之藏其身而以其首免楚子涉睢濟江入于雲中王寢盜攻之以戈擊王王孫由于以背受之中肩王奔鄖鍾建負季芊以從由于徐蘇而從鄖公辛之弟懷將弒王曰平王殺吾父我殺其子不亦可乎辛曰君討臣誰敢讎之君命天也若死天命將誰讎詩曰柔亦不茹剛亦不吐不侮矜寡不畏彊禦唯

辭命

有境

常

仁者能之違彊陵弱非勇也乘人之約非仁也滅宗廢祀非孝也動無令名非知也必犯是余將殺女鬬辛與其弟巢以王奔隨吳人從之謂隨人曰周之子孫在漢川者楚實盡之天誘其衷致罰於楚而君又竄之周室何罪君若顧報周室施及寡人以獎天衷君之惠也漢陽之田君實有之楚子在公宮之北吳人在其南子期似王逃王而已爲王曰以我與之王必免隨人卜與之不吉乃辭吳曰以隨之辟小而密邇於

辭命赵二語工绝

楚楚實存之世有盟誓至于今未改若難而弃之何以事君執事之患不唯一人若鳩楚竟敢不聽命吴人乃退鑪金初宦於子期氏實與隨人要言王使見辭曰不敢以約爲利王割子期之心以與隨人盟初伍員與申包胥友其亡也謂申包胥曰我必復楚國申包胥曰勉之子能復之我必能興之及昭王在隨申包胥如秦乞師曰吴爲封豕長蛇以荐食上國虐始於楚寡君失守社稷越在草莽使下臣告急曰夷德無

厭若鄰於君疆場之患也逮吳之未定君其取分焉若楚之遂亡君之土也若以君靈撫之世以事君秦伯使辭焉曰寡人聞命矣子姑就館將圖而告對曰寡君越在草莽未獲所伏下臣何敢卽安立依於庭牆而哭日夜不絕聲勺飲不入口七日秦哀公爲之賦無衣九頓首而坐秦師乃出

五年春王三月辛亥朔日有食之

○五年春王人殺子朝于楚

夏歸粟于蔡

夏歸粟于蔡以周亟矜無資

於越入吴

越入吴吴在楚也

六月丙申季孫意如卒

六月季平子行東野還未至丙申卒于房陽虎將以璵璠斂仲梁懷弗與曰改步改玉陽虎欲逐之告公山不狃不狃曰彼爲君也子何怨焉既葬桓子行東野及費子洩爲費宰逆勞於郊

秉忱補入

桓子敬之勞仲梁懷仲梁懷弗敬子洩怒謂陽
虎子行之乎
秋七月壬子叔孫不敢卒
○申包胥以秦師至秦子蒲子虎師車五百乘以
救楚子蒲曰吾未知吳道使楚人先與吳人戰
而自稷會之大敗夫槩王于沂吳人獲薳射於
柏舉其子帥奔徒以從子西敗吳師於軍祥秋
七月子期子蒲滅唐九月夫槩王歸自立也以
與王戰而敗奔楚為堂谿氏吳師敗楚師于雍

共是五敗

潞秦師又敗吳師吳師居麇子期將焚之子西曰父兄親暴骨焉不能收又焚之不可子期曰國亡矣死者若有知也可以歆舊祀豈憚焚之焚之而又戰吳師敗又戰于公壻之谿吳師大敗吳子乃歸囚闉輿罷闉輿罷請先遂逃歸葉公諸梁之弟后臧從其母於吳不待而歸葉公終不正視

○乙亥陽虎囚季桓子及公父文伯而逐仲梁懷

冬十月丁亥殺公何藐己丑盟桓子于稷門之

亹懷齊作敃

內庚寅大詛逐公父歜及秦遄皆奔齊

○楚子入于郢初鬬辛聞吳人之爭宮也曰吾聞之不讓則不和不和不可以遠征吳爭於楚必有亂有亂則必歸焉能定楚王之奔隨也將涉於成臼藍尹亹涉其帑不與王舟及寧王欲殺之子西曰子常唯思舊怨以敗君何效焉王曰善使復其所吾以志前惡王賞鬬辛王孫由于王孫圉鍾建鬬巢申包胥王孫賈宋木鬬懷子西曰請舍懷也王曰大德滅小怨道也申包胥

餘波

保路非是保安路人盖王由此入恐路為吴所斷杜註之國脾洩保安道路人

略覺煩

曰吾爲君也非爲身也君旣定矣又何求且吾尤子旗其又爲諸遂逃賞王將嫁季芊季芊辭曰所以爲女子遠丈夫也鍾建負我矣以妻鍾建以爲樂尹王之在隨也子西爲王輿服以保路國于脾洩聞王所在而後從王王使由于城麇復命子西問高厚焉弗知子西曰不能如辭城不知高厚小大何知對曰固辭不能子使余也人各有能有不能王遇盜於雲中余受其戈其所猶在袒而示之背曰此余所能也脾洩之

事余亦弗能也

冬晉士鞅帥師圍鮮虞

晉士鞅圍鮮虞報觀虎之役也

六年春王正月癸亥鄭游速帥師滅許以許男斯
歸

六年春鄭滅許因楚敗也

二月公侵鄭

二月公侵鄭取匡爲晉討鄭之伐胥靡也往不
假道於衞及還陽虎使季孟自南門入出自東

門舍於豚澤衞侯怒使彌子瑕追之公叔文子老矣輦而如公曰尤人而效之非禮也昭公之難君將以文之舒鼎成之昭兆定之鞶鑑苟可以納之擇用一焉公子與二三臣之子諸侯苟憂之將以爲之質此羣臣之所聞也今將以小忿蒙舊德無乃不可乎大姒之子唯周公康叔爲相睦也而效小人以弃之不亦誣乎天將多陽虎之罪以斃之君姑待之若何乃止

公至自侵鄭

夏季孫斯仲孫何忌如晉

夏季桓子如晉獻鄭俘也陽虎強使孟懿子往報夫人之幣晉人兼享之孟孫立于房外謂范獻子曰陽虎若不能居魯而息肩於晉所不以爲中軍司馬者有如先君獻子曰寡君有官將使其人鞅何知焉獻子謂簡子曰魯人患陽虎矣孟孫知其釁以爲必適晉故強爲之請以取入焉

○四月己丑吳大子終纍敗楚舟師獲潘子臣小

惟子及大夫七人楚國大惕懼亡子期又以陵師敗于繁揚令尹子西喜曰乃今可爲矣於是乎遷郢於鄀而改紀其政以定楚國

○周儋翩率王子朝之徒因鄭人將作亂于周鄭於是乎伐馮滑胥靡負黍狐人闕外六月晉閻没戍周且城胥靡

秋晉人執宋行人樂祁犂

秋八月宋樂祁言於景公曰諸侯唯我事晉今使不往晉其憾矣樂祁告其宰陳寅陳寅曰必

使子往他日公謂樂祁曰唯寡人說子之言子必往陳寅曰子立後而行吾室亦不亡唯君亦以我爲知難而行也見溷而行趙簡子逆而飲之酒於緜上獻楊楯六十於簡子陳寅曰昔吾主范氏今子主趙氏又有納焉以楊楯賈禍弗可爲也已然子死晉國子孫必得志於宋范獻子言於晉侯曰以君命越疆而使未致使而私飲酒不敬二君不可不討也乃執樂祁

○陽虎又盟公及三桓於周社盟國人于亳社詛

于五父之衢

冬城中城

季孫斯仲孫忌帥師圍鄆

○冬十二月天王處于姑蕕辟儋翩之亂也

七年春王正月

○七年春二月周儋翩入於儀栗以叛

○齊人歸鄆陽關陽虎居之以爲政

夏四月

○夏四月單武公劉桓公敗尹氏于窮谷

秋齊侯鄭伯盟于鹹　齊人執衛行人北宮結以侵衛　齊侯衛侯盟于沙

秋齊侯鄭伯盟于鹹徵會于衛衛侯欲叛晉諸大夫不可使北宮結如齊而私於齊侯曰執結以侵我齊侯從之乃盟于瑣

大雩

齊國夏帥師伐我西鄙

齊國夏伐我陽虎御季桓子公斂處父御孟懿子將宵軍齊師齊師聞之墮伏而待之處父曰

虎不圖禍而必死苫夷曰虎陷二子於難不待
有司余必殺女虎懼乃還不敗

九月大雩

冬十月

○冬十一月戊午單子劉子逆王于慶氏晉籍秦
送王己巳王入于王城館于公族黨氏而後朝
于莊宮

八年春王正月公侵齊

八年春王正月公侵齊門于陽州士皆坐列曰

顏高之弓六鈞皆取而傳觀之陽州人出顏高奪人弱弓籍丘子鉏擊之與一人俱斃偃且射子鉏中頰殪顏息射人中眉退曰我無勇吾志其目也師退冉猛僞傷足而先其兄會乃呼曰猛也殿

公至自侵齊

○二月己丑單子伐穀城劉子伐儀栗辛卯單子伐簡城劉子伐盂以定王室

○趙鞅言於晉侯曰諸侯唯宋事晉好逆其使猶

懼不至今又執之是絕諸侯也將歸樂祁士鞅曰三年止之無故而歸之宋必叛晉獻子私謂子梁曰寡君懼不得事宋君是以止子子姑使溷代子子梁以告陳寅陳寅曰宋將叛晉是弃溷也不如待之樂祁歸卒于大行士鞅曰宋必叛不如止其尸以求成焉乃止諸州

二月公侵齊

公侵齊攻廩丘之郛主人焚衝或濡馬褐以救之遂毀之主人出師奔陽虎僞不見冉猛者曰

猛在此必敗猛逐之顧而無繼僞顛虎曰盡客氣也苫越生子將待事而名之陽州之役獲焉名之曰陽州

三月公至自侵齊

曹伯露卒

夏齊國夏帥師伐我西鄙　公會晉師于瓦

夏齊國夏高張伐我西鄙晉士鞅趙鞅荀寅救我公會晉師于瓦范獻子執羔趙簡子中行文子皆執鴈魯於是始尚羔

公至自瓦

秋七月戊辰陳侯柳卒

晉士鞅帥師侵鄭遂侵衞

晉師將盟衞侯于鄟澤趙簡子曰羣臣誰敢盟衞君者涉佗成何曰我能盟之衞人請執牛耳成何曰衞吾溫原也焉得視諸侯將歃涉佗捘衞侯之手及捥衞侯怒王孫賈趨進曰盟以信禮也有如衞君其敢不唯禮是事而受此盟也衞侯欲叛晉而患諸大夫王孫賈使次于郊大

夫問故公以晉詬語之且曰寡人辱社稷其改卜嗣寡人從焉大夫曰是衞之禍豈君之過也公曰又有患焉謂寡人必以而子與大夫之子爲質大夫曰苟有益也公子則往羣臣之子敢不皆負羈絏以從將行王孫賈曰苟衞國有難工商未嘗不爲患使皆行而後可公以告大夫乃皆將行之行有日公朝國人使賈問焉曰若衞叛晉晉五伐我病何如矣皆曰五伐我猶可以能戰賈曰然則如叛之病而後質焉何遲之

有乃叛晉晉人請改盟弗許秋晉士鞅會成桓
公侵鄭圍蟲牢報伊闕也遂侵衛
葬曹靖公
九月葬陳懷公
季孫斯仲孫何忌帥師侵衛
九月師侵衛晉故也
冬衛侯鄭伯盟于曲濮
從祀先公　盜竊寶玉大弓
季寤公鉏極公山不狃皆不得志於季氏叔孫

輒無寵於叔孫氏叔仲志不得志於魯故五人
因陽虎陽虎欲去三桓以季寤更季氏以叔孫
輒更叔孫氏巳更孟氏冬十月順祀先公而祈
焉辛卯禘于僖公壬辰將享季氏于蒲圃而殺
之戒都車曰癸巳至成宰公斂處父告孟孫曰
季氏戒都車何故孟孫曰吾弗聞處父曰然則
亂也必及於子先備諸與孟孫以壬辰為期陽
虎前驅林楚御桓子虞人以鈹盾夾之陽越殿
將如蒲圃桓子咋謂林楚曰而先皆季氏之良

此段精神

也爾以是繼之對曰臣聞命後陽虎爲政魯國服焉違之徵死死無益於主桓子曰何後之有而能以我適孟氏乎對曰不敢愛死懼不免主桓子曰往也孟氏選圉人之壯者三百人以爲公期築室於門外林楚怒馬及衢而騁陽越射之不中築者闔門有自門閒射陽越殺之陽虎劫公與武叔以伐孟氏公斂處父帥成人自上東門入與陽氏戰于南門之內弗勝又戰于棘下陽氏敗陽虎說甲如公宮取寶玉大弓以出

句法全同只易子梁二字未敢謂善

舍于五父之衢寢而爲食其徒曰追其將至虎曰魯人聞余出喜於徵死何暇追余從者曰嘻速駕公斂陽在公斂陽請追之孟孫弗許陽欲殺桓子孟孫懼而歸之子言辨舍爵於季氏之廟而出陽虎入於讙陽關以叛

○鄭駟歂嗣子大叔爲政

九年春王正月

○九年春宋公使樂大心盟于晉且逆樂祁之尸辭僞有疾乃使向巢如晉盟且逆子梁之尸子

猶独有波

明謂桐門右師出曰吾猶衰經而子擊鐘何也右師曰喪不在此故也旣而告人曰已衰經而生子余何故舍鐘子明聞之怒言於公曰右師將不利戴氏不肯適晉將作亂也不然無疾乃逐桐門右師

○鄭駟歂殺鄧析而用其竹刑君子謂子然於是不忠苟有可以加於國家者弃其邪可也靜女之三章取彤管焉竿旄何以告之取其忠也故用其道不弃其人詩云蔽芾甘棠勿翦勿伐召

伯所茇思其人猶愛其樹況用其道而不恤其人乎子然無以勸能矣

夏四月戊申鄭伯蠆卒

得寶玉大弓

夏陽虎歸寶玉大弓書曰得器用也凡獲器用曰得得用焉曰獲六月伐陽關陽虎使焚萊門師驚犯之而出奔齊請師以伐魯曰三加必取之齊侯將許之鮑文子諫曰臣嘗爲隸於施氏矣魯未可取也上下猶和衆庶猶睦能事大國

此收数語尤醒快

而無天菑若之何取之陽虎欲勤齊師也齊師罷大臣必多死亡已於是乎奮其詐謀夫陽虎有寵於季氏而將殺季孫以不利魯國而求容焉親富不親仁君焉用之君富於季氏而大於魯國玆陽虎所欲傾覆也魯免其疾而君又收之無乃害乎齊侯執陽虎將東之陽虎願東乃囚諸西鄙盡借邑人之車鍥其軸麻約而歸之載葱靈寢於其中而逃追而得之囚於齊又以葱靈逃奔宋遂奔晉適趙氏仲尼曰趙氏其世

不云爭登却云讓登用意自妙

有亂乎

六月葬鄭獻公

秋齊侯衛侯次于五氏

秋齊侯伐晉夷儀敝無存之父將室之辭以與其弟曰此役也不死反必娶於高國先登求自門出死於霤下東郭書讓登犂彌從之曰子讓而左我讓而右使登者絕而後下書左彌先下書與王猛息猛曰我先登書斂甲曰曩者之難今又難焉猛笑曰吾從子如驂之靳晉車千乘

○後○語○

陰隋

有此讓然後前讓愈有味以視求妙

在中牟衛侯將如五氏卜過之龜焦衛侯曰可也衛車當其半寡人當其半敵矣乃過中牟中牟人欲伐之衛褚師圃亡在中牟曰衛雖小其君在焉未可勝也齊師克城而驕其帥又賤遇必敗之不如從齊乃伐齊師敗之齊侯致禚媚杏於衛齊侯賞犂彌犂彌辭曰有先登者臣從之皙幘而衣貍製公使視東郭書曰乃夫子也吾貺子公賞東郭書辭曰彼賓旅也乃賞犂彌齊師之在夷儀也齊侯謂夷儀人曰得敝無存

者以五家免乃得其尸公三襚之與之犀軒與
直蓋而先歸之坐引者以師哭之親推之三
秦伯卒
冬葬秦哀公
十年春王三月及齊平　夏公會齊侯于夾谷
十年春及齊平夏公會齊侯于祝其實夾谷孔
丘相犂彌言於齊侯曰孔丘知禮而無勇若使
萊人以兵劫魯侯必得志焉齊侯從之孔丘以
公退曰士兵之兩君合好而裔夷之俘以兵亂

之非齊君所以命諸侯也裔不謀夏夷不亂華
俘不干盟兵不偪好於神爲不祥於德爲愆義
於人爲失禮君必不然齊侯聞之遽辟之將盟
齊人加于載書曰齊師出竟而不以甲車三百
乘從我者有如此盟孔丘使茲無還揖對曰而
不反我汶陽之田吾以共命者亦如之齊侯將
享公孔丘謂梁丘據曰齊魯之故吾子何不聞
焉事既成矣而又享之是勤執事也且犧象不
出門嘉樂不野合饗而既具是弃禮也若其不

具用秕稗也用秕稗君辱弃禮名惡子盍圖之
夫享所以昭德也不昭不如其已也乃不果享

齊人來歸鄆讙龜陰之田

公至自夾谷

晉趙鞅帥師圍衛

晉趙鞅圍衛報夷儀也初衛侯伐邯鄲午於寒
氏城其西北而守之宵熸及晉圍衛午以徒七
十人門於衛西門殺人於門中曰請報寒氏之
役涉佗曰夫子則勇矣然我往必不敢啟門亦

亦委曲有情致

以徒七十人旦門焉步左右皆至而立如植日中不啟門乃退反役晉人討衞之叛故曰由洩佗成何於是執洩佗以求成於衞衞人不許晉人遂殺洩佗成何奔燕君子曰此之謂弃禮必不鈞詩曰人而無禮胡不遄死洩佗亦遄矣哉

齊人來歸鄆讙龜陰田

叔孫州仇仲孫何忌帥師圍郈　秋叔孫州仇仲孫何忌帥師圍郈

初叔孫成子欲立武叔公若藐固諫曰不可成

曲殺

此胡盜竊封事而自出此向法于今亦已陳

四下叔郈之有情

于立之而卒公南使賊射之不能殺公南爲馬正使公若爲郈宰武叔既定使郈馬正侯犯殺公若弗能其圉人曰吾以劍過朝公若必曰誰之劍也吾稱子以告必觀之吾僞固而授之末則可殺也使如之公若曰爾欲吳王我乎遂殺公若侯犯以郈叛武叔懿子圍郈弗克秋二子及齊師復圍郈弗克叔孫謂郈工師駟赤曰郈非唯叔孫氏之憂社稷之患也將若之何對曰臣之業在揚水卒章之四言矣叔孫稽首駟赤

多方以誤之
曲盡情態

謂侯犯曰居齊魯之際而無事必不可矣子盍求事於齊以臨民不然將叛侯犯從之齊使至駟赤與郈人爲之宣言於郈中曰侯犯將以郈易于齊齊人將遷郈民衆兇懼駟赤謂侯犯曰衆言異矣子不如易於齊與其死也猶是郈也而得紓焉何必此齊人欲以此偪魯必倍與子地且盍多舍甲於子之門以備不虞侯犯曰諾乃多舍甲焉侯犯請易於齊齊有司觀郈將至駟赤使周走呼曰齊師至矣郈人大駭介侯犯

階句

之門甲以圍侯犯駟赤將射之侯犯止之曰謀免我侯犯請行許之駟赤先如宿侯犯殿每出一門郈人閉之及郭門止之曰子以叔孫氏之甲出有司若誅之羣臣懼死駟赤曰叔孫氏甲有物吾未敢以出犯謂駟赤曰子止而與之數駟赤止而納魯人侯犯奔齊齊人乃致郈

宋樂大心出奔曹

宋公子地出奔陳

宋公子地嬖蘧富獵十一分其室而以其五與

之公子地有白馬四公嬖向魋魋欲之公取而朱其尾鬣以與之地怒使其徒抶魋而奪之魋懼將走公閉門而泣之目盡腫母弟辰曰子分室以與獵也而獨卑魋亦有頗焉子爲君禮不過出竟君必止子公子地出奔陳公弗止辰爲之請弗聽辰曰是我迋吾兄也吾以國人出君誰與處冬母弟辰暨仲佗石彄出奔陳

冬齊侯衞侯鄭游速會于安甫

叔孫州仇如齊

武叔聘于齊齊侯享之曰子叔孫若使郈在君之他竟寡人何知焉屬與敝邑際故敢助君憂之對曰非寡君之望也所以事君封疆社稷是以敢以家隸勤君之執事夫不令之臣天下之所惡也君豈以爲寡君賜

宋公之弟辰暨仲佗石彄出奔陳

十有一年春宋公之弟辰及仲佗石彄公子地自陳入于蕭以叛

夏四月

秋宋樂大心自曹入于蕭

十一年春宋公母弟辰暨仲佗石彄公子地入于蕭以叛秋樂大心從之大爲宋患寵向魋故也

冬及鄭平

冬及鄭平始叛晉也

叔還如鄭涖盟

十有二年春薛伯定卒

夏葬薛襄公

叔孫州仇帥師墮郈

衛公孟彄帥師伐曹

十二年夏衛公孟彄伐曹克郊還滑羅殿未出不退於列其御曰殿而在列其爲無勇乎羅曰與其素厲寧爲無勇

季孫斯仲孫何忌帥師墮費

秋大雩

冬十月癸亥公會齊侯盟于黃

十有一月丙寅朔日有食之

公至自黃

十有二月公圍成

仲由爲季氏宰將墮三都於是叔孫氏墮郈季孫將墮費公山不狃叔孫輒帥費人以襲魯公與三子入于季氏之宮登武子之臺費人攻之弗克入及公側仲尼命申句須樂頎下伐之費人北國人追之敗諸姑蔑二子奔齊遂墮費將墮成公斂處父謂孟孫墮成齊人必至于北門且成孟氏之保障也無成是無孟氏也子僞不

知我將不墮冬十二月公圍成弗克

公至自圍成

十有三年春齊侯衛侯次于垂葭

十三年春齊侯衛侯次于垂葭實郥氏使師伐晉將濟河諸大夫皆曰不可邴意茲曰可銳師伐河內傳必數日而後及絳絳不三月不能出河則我既濟水矣乃伐河內齊侯皆斂諸大夫之軒唯邴意茲乘軒齊侯欲與衛侯乘與之宴而駕乘廣載甲焉使告曰晉師至矣齊侯曰比

駕也下在今人必更著一句然不用固有雅致

君之駕也寡人請攝乃介而與之乘驅之或告曰無晉師乃止

夏築蛇淵囿

大蒐于比蒲

衛公孟彄帥師伐曹

秋晉趙鞅入于晉陽以叛　冬晉荀寅士吉射入于朝歌以叛　晉趙鞅歸于晉

晉趙鞅謂邯鄲午曰歸我衛貢五百家吾舍諸晉陽午許諾歸告其父兄父兄皆曰不可衛是

以爲邯鄲而寘諸晉陽絕衛之道也不如侵齊而謀之乃如之而歸之于晉陽趙孟怒召午而囚諸晉陽使其從者說劍而入涉賓不可乃使告邯鄲人曰吾私有討於午也二三子唯所欲立遂殺午趙稷涉賓以邯鄲叛夏六月上軍司馬籍秦圍邯鄲邯鄲午荀寅之甥也荀寅范吉射之姻也而相與睦故不與圍邯鄲將作亂董安于聞之告趙孟曰先備諸趙孟曰晉國有命始禍者死爲後可也安于曰與其害於民寧我

據爲後地詳敘情由自是左氏常調第平述無節奏使覺便絜詠以文字責錄

獨死請以我說趙孟不可秋七月范氏中行氏伐趙氏之宮趙鞅奔晉陽晉人圍之范臯夷無寵於范吉射而欲爲亂於范氏梁嬰父嬖於知文子文子欲以爲卿韓簡子與中行文子相惡魏襄子亦與范昭子相惡故五子謀將逐荀寅而以梁嬰父代之逐范吉射而以范臯夷代之荀躒言於晉侯曰君命大臣始禍者死載書在河今三臣始禍而獨逐鞅刑已不鈞矣請皆逐之冬十一月荀躒韓不信魏曼多奉公以伐范

氏中行氏弗克二子將伐公齊高彊曰三折肱知爲良醫唯伐君爲不可民弗與也我以伐君在此矣三家未睦可盡克也克之君將誰與若先伐君是使睦也弗聽遂伐公國人助公二子敗從而伐之丁未荀寅士吉射奔朝歌韓魏以趙氏爲請十二月辛未趙鞅入于絳盟于公宮

薛弒其君比

○初衞公叔文子朝而請享靈公退見史鰌而告之史鰌曰子必禍矣子富而君貪罪其及子乎

文子曰然吾不先告子是吾罪也君既許我矣其若之何史鰌曰無害子臣可以免富而能臣必免於難上下同之戍也驕其亡乎富而不驕者鮮吾唯子之見驕而不亡者未之有也戍必與焉及文子卒衛侯始惡於公叔戍以其富也公叔戍又將去夫人之黨夫人愬之曰戍將爲亂

十有四年春衛公叔戍來奔　衛趙陽出奔宋

十四年春衛侯逐公叔戍與其黨故趙陽奔宋

戌來奔

○梁嬰父惡董安于謂知文子曰不殺安于使終爲政於趙氏趙氏必得晉國盍以其先發難也討於趙氏文子使告於趙孟曰范中行氏雖信爲亂安于則發之是安于與謀亂也晉國有命始禍者死二子既伏其罪矣敢以告趙孟患之安于曰我死而晉國寧趙氏定將焉用生人誰不死吾死莫矣乃縊而死趙孟尸諸市而告於知氏曰主命戮罪人安于既伏其罪矣敢以告

此章稍精簡
重奇

知伯從趙孟盟而後趙氏定祀安于於廟

二月辛巳楚公子結陳公孫佗人帥師滅頓以頓子牂歸

頓子牂欲事晉背楚而絕陳好二月楚滅頓

夏衞北宮結來奔

夏衞北宮結來奔公叔戌之故也

五月於越敗吳于檇李吳子光卒

吳伐越越子句踐禦之陳于檇李句踐患吳之整也使死士再禽焉不動使罪人三行屬劍於

語更奇

頸而辭曰二君有治臣奸旗鼓不敏於君之行前不敢逃刑敢歸死遂自剄也師屬之目越子因而伐之大敗之靈姑浮以戈擊闔廬闔廬傷將指取其一屨還卒於陘去檇李七里夫差使人立於庭苟出入必謂已曰夫差而忘越王之殺而父乎則對曰唯不敢忘三年乃報越

公會齊侯衛侯于牽

晉人圍朝歌公會齊侯衛侯于脾上梁之間謀救范中行氏析成鮒小王桃甲率狄師以襲晉

戰于絳中不克而還士鮒奔周卜王桃甲入于
朝歌
公至自會
秋齊侯宋公會于洮
秋齊侯宋公會于洮范氏故也
天王使石尚來歸脤
衛世子蒯聵出奔宋衛公孟彄出奔鄭
衛侯爲夫人南子召宋朝會于洮大子蒯聵獻
盂于齊過宋野野人歌之曰既定爾婁豬盍歸

吾艾豭大子羞之謂戲陽速曰從我而朝少君少君見我我顧乃殺之速曰諾乃朝夫人夫人見大子大子三顧速不進夫人見其色啼而走曰蒯聵將殺余公執其手以登臺大子奔宋盡逐其黨故公孟彄出奔鄭自鄭奔齊大子告人曰戲陽速禍余戲陽速告人曰大子則禍余大子無道使余殺其母余不許將戕於余若殺夫人將以余說余是故許而弗爲以紓余死諺曰民保於信吾以信義也

宋公之弟辰自蕭來奔
大蒐于比蒲邾子來會公
城莒父及霄
○冬十二月晉人敗范中行氏之師於潞獲籍秦
高彊又敗鄭師及范氏之師于百泉
十有五年春王正月邾子來朝
十五年春邾隱公來朝子貢觀焉邾子執玉高
其容仰公受玉卑其容俯子貢曰以禮觀之二
君者皆有死亡焉夫禮死生存亡之體也將左

右周旋進退俯仰於是乎取之朝祀喪戎於是乎觀之今正月相朝而皆不度心已亡矣嘉事不體何以能久高仰驕也卑俯替也驕近亂替近疾君爲主其先亡乎

鼷鼠食郊牛牛死改卜牛

二月辛丑楚子滅胡以胡子豹歸

吳之入楚也胡子盡俘楚邑之近胡者楚既定胡子豹又不事楚曰存亡有命事楚何爲多取費焉二月楚滅胡

夏五月辛亥郊

壬申公薨于高寢

夏五月壬申公薨仲尼曰賜不幸言而中是使

賜多言者也

鄭罕達帥師伐宋

鄭罕達敗宋師于老丘

齊侯衛侯次于渠蒢

齊侯衛侯次于蘧挐謀救宋也

邾子來奔喪

秋七月壬申姒氏卒

秋七月壬申姒氏卒不稱夫人不赴且不祔也

八月庚辰朔日有食之

九月滕子來會葬

丁巳葬我君定公雨不克葬戊午日下昃乃克葬

葬定公雨不克襄事禮也

辛巳葬定姒

葬定姒不稱小君不成喪也

冬城漆

參城漆書不時告也

萬曆丙辰夏吳興閔齊華閔齊伋閔象泰

分次经傳

元人鎖城法即此雖止數語郄精鍊有致

春秋左傳

哀公

元年春王正月公即位

楚子陳侯隨侯許男圍蔡

元年春楚子圍蔡報柏舉也里而栽廣丈高倍夫屯晝夜九日如子西之素蔡人男女以辨使疆于江汝之閒而還蔡於是乎請遷于吳

○吳王夫差敗越于夫椒報檇李也遂入越越子以甲楯五千保于會稽使大夫種因吳大宰嚭

述議論中敘事造語典審可與魏莊子章參看一事而敘少異彼重羿浞重少康各有委態皆左氏法

以行成吳子將許之伍員曰不可臣聞之樹德莫如滋去疾莫如盡昔有過澆殺斟灌以伐斟鄩滅夏后相后緡方娠逃出自竇歸于有仍生少康焉爲仍牧正惎澆能戒之澆使椒求之逃奔有虞爲之庖正以除其害虞思於是妻之以二姚而邑諸綸有田一成有衆一旅能布其德而兆其謀以收夏衆撫其官職使女艾諜澆使季杼誘豷遂滅過戈復禹之績祀夏配天不失舊物今吳不如過而越大於少康或將豐之不

敎語示後

亦難乎句踐能親而務施施不失人親不弃勞與我同壤而世為仇讎於是乎克而弗取將又存之違天而長寇讎後雖悔之不可食已姬之衰也日可俟也介在蠻夷而長寇讎以是求伯必不行矣弗聽退而告人曰越十年生聚而十年教訓二十年之外吳其為沼乎三月越及吳平吳入越不書吳不告慶越不告敗也

鼷鼠食郊牛改卜牛夏四月辛巳郊

○夏四月齊侯衛侯救邯鄲圍五鹿

境妙

勁而語有勢

○吳之入楚也使召陳懷公懷公朝國人而問焉曰欲與楚者右欲與吳者左陳人從田無田從黨逢滑當公而進曰臣聞國之興也以福其亡也以禍今吳未有福楚未有禍楚未可棄吳未可從而晉盟主也若以晉辭吳若何公曰國勝君亡非禍而何對曰國之有是多矣何必不復小國猶復況大國乎臣聞國之興也視民如傷是其福也其亡也以民爲土芥是其禍也楚雖無德亦不艾殺其民吳日敝於兵暴骨如莽而

初看覺太寬
稍熟按亦細
玩造語典重
儘有致

未見德焉天其或者正訓楚也禍之適吳其何日之有陳侯從之及夫差克越乃脩先君之怨

秋八月吳侵陳脩舊怨也

秋齊侯衛侯伐晉

齊侯衛侯會于乾侯救范氏也師及齊師衛孔圉鮮虞人伐晉取棘蒲

○吳師在陳楚大夫皆懼曰闔廬惟能用其民以敗我於柏舉今聞其嗣又甚焉將若之何子西曰二三子恤不相睦無患吳矣昔闔廬食不二

味居不重席室不崇壇器不形鏤宮室不觀舟車不飾衣服財用擇不取費在國天有菑癘親巡孤寡而共其乏困在軍熟食者分而後敢食其所嘗者卒乘與焉勤恤其民而與之勞逸是以民不罷勞死知不曠吾先大夫子常易之所以敗我也今聞夫差次有臺榭陂池焉宿有妃嬙嬪御焉一日之行所欲必成玩好必從珍異是聚觀樂是務視民如讐而用之日新夫先自敗也已安能敗我

冬仲孫何忌帥師伐邾

○冬十月晉趙鞅伐朝歌

二年春王二月季孫斯叔孫州仇仲孫何忌帥師伐邾取漷東田及沂西田　癸巳叔孫州仇仲孫何忌及邾子盟于句繹

二年春伐邾將伐絞邾人愛其土故賂以漷沂之田而受盟

夏四月丙子衛侯元卒

初衛侯遊于郊子南僕公曰余無子將立女不

辭命

兩對語俱佳鍊淨有致

對他日又謂之對曰郢不足以辱社稷君其改圖君夫人在堂三揖在下君命祗辱夏衛靈公卒夫人曰命公子郢爲大子君命也對曰郢異於他子且君沒於吾手若有之郢必聞之且亡人之子輒在乃立輒

滕子來朝

晉趙鞅帥師納衛世子蒯聵于戚

六月乙酉晉趙鞅納衛大子于戚宵迷陽虎曰右河而南必至焉使大子絻八人衰絰僞自衛

此傳自成宣而後文氣快懸語較牽此章態味濃郁而氣力流動置之傳文前不復可別

逆者告於門哭而入遂居之

秋八月甲戌晉趙鞅帥師及鄭罕達帥師戰于鐵鄭師敗績

秋八月齊人輸范氏粟鄭子姚子般送之士吉射逆之趙鞅禦之遇於戚陽虎曰吾車少以兵車之旆與罕駟兵車先陳罕駟自後隨而從之彼見吾貌必有懼心於是乎會之必大敗之從之卜戰龜焦樂丁曰詩曰爰始爰謀爰契我龜謀協以故兆詢可也簡子誓曰范氏中行氏反

辭命

此與後太子禱文氣是一律句此略襍一二常語遂覺味稍減

易天明斬艾百姓欲擅晉國而滅其君寡君恃鄭而保焉今鄭爲不道弃君助臣二三子順天明從君命經德義除詬恥在此行也克敵者上大夫受縣下大夫受郡士田十萬庶人工商遂人臣隷圉免志父無罪君實圖之若其有罪絞縊以戮桐棺三寸不設屬辟素車樸馬無入于兆下卿之罰也甲戌將戰郵無恤御簡子衛大子爲右登鐵上望見鄭師衆大子懼自投于車下子良授大子綏而乘之曰婦人也簡子巡列

工絶

曰畢萬匹夫也七戰皆獲有馬百乘死於牖下羣子勉之死不在寇繁羽御趙羅宋勇爲右羅無勇麇之吏詰之御對曰痁作而伏衛大子禱曰曾孫蒯聵敢昭告皇祖文王烈祖康叔文祖襄公鄭勝亂從晉午在難不能治亂使鞅討之蒯聵不敢自佚備持矛焉敢告無絕筋無折骨無面傷以集大事無作三祖羞大命不敢請佩玉不敢愛鄭人擊簡子中肩斃于車中獲其蠭旗大子救之以戈鄭師北獲溫大夫趙羅大子

馬三字狀最險
此可與邲戰許伯等三人事作配

復伐之鄭師大敗獲齊粟千車趙孟喜曰可矣傅傁曰雖克鄭猶有知在憂未艾也初周人與范氏田公孫尨稅焉趙氏得而獻之吏請殺之趙孟曰爲其主也何罪止而與之田及鐵之戰以徒五百人宵攻鄭師取蠭旗於子姚之幕下獻曰請報主德追鄭師姚般公孫林殿而射前列多死趙孟曰國無小旣戰簡子曰吾伏弢嘔血鼓音不衰今日我上也大子曰吾救主於車退敵於下我右之上也郵良曰我兩靷將絕吾

能止之我御之上也駕而乘材兩靷皆絶

冬十月葬衛靈公

十有一月蔡遷于州來　蔡殺其大夫公子駟

吳洩庸如蔡納聘而稍納師師畢入衆知之蔡

侯告大夫殺公子駟以說哭而遷墓冬蔡遷于

州來

三年春齊國夏衛石曼姑帥師圍戚

二年春齊衛圍戚求援于中山

夏四月甲午地震

敘法比前罕產又稍不同彼專為政此衆為政至字是提綱各人言意不同說寔總出是其奇變

五月辛卯桓宮僖宮災

夏五月辛卯司鐸火火踰公宮桓僖災救火者皆曰顧府南宮敬叔至命周人出御書俟於宮曰庀女而不在死子服景伯至命宰人出禮書以待命命不共有常刑校人乘馬巾車脂轄百官官備府庫慎守官人肅給濟濡帷幕鬱攸從之蒙葺公屋自大廟始外內以悛助所不給有不用命則有常刑無赦公父文伯至命校人駕乘車季桓子至御公立于象魏之外命救火者

倒句

傷人則止財可爲也命藏象魏曰舊章不可亡也富父槐至曰無備而官辦者猶拾瀋也於是乎去表之稾道還公宮孔子在陳聞火曰其桓僖乎

季孫斯叔孫州仇帥師城啟陽

宋樂髡帥師伐曹

○劉氏范氏世爲婚姻萇弘事劉文公故周與范氏趙鞅以爲討六月癸卯周人殺萇弘

秋七月丙子季孫斯卒

秋季孫有疾命正常曰無死南孺子之子男也則以告而立之女也則肥也可季孫卒康子即位旣葬康子在朝南氏生男正常載以如朝告曰夫子有遺言命其圉臣曰南氏生男則以告於君與大夫而立之今生矣男也敢告遂奔衛康子請退公使共劉視之則或殺之矣乃討之召正常正常不反

蔡人放其大夫公孫獵于吳

冬十月癸卯秦伯卒

叔孫州仇仲孫何忌帥師圍邾
○冬十月晉趙鞅圍朝歌師于其南荀寅伐其郛
使其徒自北門入已犯師而出癸丑奔邯鄲十
一月趙鞅殺士皐夷惡范氏也
四年春王二月庚戌盜殺蔡侯申　蔡公孫辰出
奔吳
四年春蔡昭侯將如吳諸大夫恐其又遷也承
公孫翩逐而射之入於家人而卒以兩矢門之
衆莫敢進文之鍇後至曰如牆而進多而殺二

敘事亦亂極有法詞亦緊總比前面有精刻

人鍇執弓而先翩射之中肘鍇遂殺之故逐公孫辰而殺公孫姓公孫盱

葬秦惠公

宋人執小邾子

夏蔡殺其大夫公孫姓公孫霍

晉人執戎蠻子赤歸于楚

夏楚人既克夷虎乃謀北方左司馬眅申公壽餘葉公諸梁致蔡於負函致方城之外於繒關曰吳將泝江入郢將奔命焉爲一昔之期襲梁

及霍單浮餘圍蠻氏蠻氏潰蠻子赤奔晉陰地司馬起豐析與狄戎以臨上雒左師軍于菟和右師軍于倉野使謂陰地之命大夫士蔑曰晉楚有盟好惡同之若將不廢寡君之願也不然將通於少習以聽命士蔑請諸趙孟趙孟曰晉國未寧安能惡於楚必速與之士蔑乃致九州之戎將裂田以與蠻子而城之且將爲之卜蠻子聽卜遂執之與其五大夫以畀楚師于三戶司馬致邑立宗焉以誘其遺民而盡俘以歸

城西郛

六月辛丑亳社災

秋八月甲寅滕子結卒

冬十有二月葬蔡昭公

葬滕頃公

○秋七月齊陳乞弦施衛甯跪救范氏庚午圍五鹿九月趙鞅圍邯鄲冬十一月邯鄲降荀寅奔鮮虞趙稷奔臨十二月弦施逆之遂墮臨國夏伐晉取邢任欒鄗逆畤陰人盂壺口會鮮虞納

荀寅于柏人

五年春城毗

夏齊侯伐宋

晉趙鞅帥師伐衛

五年春晉圍柏人荀寅士吉射奔齊初范氏之臣王生惡張柳朔言諸昭子使爲柏人昭子曰夫非而讎乎對曰私讎不及公好不廢過惡不去善義之經也臣敢違之及范氏出張柳朔謂其子爾從主勉之我將止死王生授我矣吾不

可以僭之遂死於柏人夏趙鞅伐衛范氏之故
也遂圍中牟
秋九月癸酉齊侯杵臼卒
齊燕姬生子不成而死諸子鬻姒之子荼嬖諸
大夫恐其爲大子也言於公曰君之齒長矣未
有大子若之何公曰二三子間於憂虞則有疾
疢亦姑謀樂何憂於無君公疾使國惠子高昭
子立荼寘羣公子於萊秋齊景公卒冬十月公
子嘉公子駒公子黔奔衛公子鉏公子陽生來

齊萊人歌之曰景公死乎不與埋三軍之事乎不與謀師乎師乎何黨之乎

冬叔還如齊閏月葬齊景公

○鄭駟秦富而侈嬖大夫也而常陳卿之車服於其庭鄭人惡而殺之子思曰詩曰不解于位民之攸墍不守其位而能久者鮮矣商頌曰不僭不濫不敢怠皇命以多福

六年春城邾瑕

晉趙鞅帥師伐鮮虞

描寫乞意態曲盡

六年春晉伐鮮虞治范氏之亂也

吳伐陳

吳伐陳復脩舊怨也楚子曰吾先君與陳有盟不可以不救乃救陳師于城父

夏齊國夏及高張來奔

齊陳乞僞事高國者每朝必驂乘焉所從必言諸大夫曰彼皆偃蹇將棄子之命皆曰高國得君必偪我盍去諸固將謀子子早圖之圖之莫如盡滅之需事之下也及朝則曰彼虎狼也見

我在子之側殺我無日矣請就之位又謂諸大夫曰二三子者禍矣恃得君而欲謀二三子曰國之多難貴寵之由盡去之而後君定旣成謀矣盍及其未作也先諸作而後悔亦無及也大夫從之夏六月戊辰陳乞鮑牧及諸大夫以甲入于公宮昭子聞之與惠子乘如公戰于莊敗國人追之國夏奔莒遂及高張晏圉弦施來奔

叔還會吳于柤

秋七月庚寅楚子軫卒

句隋

陳涉起事語

研此

秋七月楚子在城父將救陳卜戰不吉卜退不吉王曰然則死也再敗楚師不如死弃盟逃讐亦不如死死一也其死讐乎命公子申爲王不可則命公子結亦不可則命公子啟五辭而後許將戰王有疾庚寅昭王攻大冥卒于城父子閭退曰君王舍其子而讓羣臣敢忘君乎從君之命順也立君之子亦順也二順不可失也與子西子期謀潛師閉塗逆越女之子章立之而後還是歲也有雲如衆赤鳥夾日以飛三日楚

以弗禜弗祭見慾

子使問諸周大史周大史曰其當王身乎若禜之可移於令尹司馬王曰除腹心之疾而寘諸股肱何益不穀不有大過天其夭諸有罪受罰又焉移之遂弗禜初昭王有疾卜曰河爲祟王弗祭大夫請祭諸郊王曰三代命祀祭不越望江漢雎漳楚之望也禍福之至不是過也不穀雖不德河非所獲罪也遂弗祭孔子曰楚昭王知大道矣其不失國也宜哉夏書曰惟彼陶唐帥彼天常有此冀方今失其行亂其紀綱乃滅

而亡又曰允出茲在茲由己率常可矣
○八月齊邴意茲來奔
齊陽生入于齊　齊陳乞弒其君荼
陳僖子使召公子陽生陽生駕而見南郭且于
曰嘗獻馬於季孫不入於上乘故又獻此請與
子乘之出萊門而告之故闞止知之先待諸外
公子曰事未可知反與壬也處戒之遂行逮夜
至於齊國人知之僖子使子士之母養之與饋
者皆入冬十月丁卯立之將盟鮑子醉而往其

工甬之甚其妙處乃只在不必及大夫公子字上

臣差車鮑點曰此誰之命也陳子曰受命于鮑子遂誣鮑子曰子之命也鮑子曰女忘君之爲孺子牛而折其齒乎而背之也悼公稽首曰吾子奉義而行者也若我可不必亡一大夫若我不可不必亡一公子義則進否則退敢不唯子是從廢興無以亂則所願也鮑子曰誰非君之子乃受盟使胡姬以安孺子如賴去鬻姒殺王甲拘江說囚王豹于句竇之丘公使朱毛告於陳子曰微子則不及此然君異於器不可以二

器二不匱君二多難敢布諸大夫僖子不對而泣曰君舉不信羣臣乎以齊國之困困又有憂少君不可以訪是以求長君庶亦能容羣臣乎不然夫孺子何罪毛復命公悔之毛曰君大訪於陳子而圖其小可也使毛遷孺子於駘不至殺諸野幕之下葬諸殳冒淳

冬仲孫何忌帥師伐邾

宋向巢帥師伐曹

七年春宋皇瑗帥師侵鄭

句隔

姣而姬亦有筆法

七年春宋師侵鄭鄭叛晉故也

晉魏曼多帥師侵衛

晉師侵衛衛不服也

夏公會吳于鄫

夏公會吳于鄫吳來徵百牢子服景伯對曰先王未之有也吳人曰宋百牢我魯不可以後宋且魯牢晉大夫過十吳王百牢不亦可乎景伯曰晉范鞅貪而棄禮以大國懼敝邑故敝邑十一牢之君若以禮命於諸侯則有數矣若亦棄

禮則有淫者矣周之王也制禮上物不過十二以爲天之大數也今棄周禮而曰必百牢亦唯執事吳人弗聽景伯曰吳將亡矣棄天而背本不與必棄疾於我乃與之大宰嚭召季康子康子使子貢辭大宰嚭曰國君道長而大夫不出門此何禮也對曰豈以爲禮畏大國也大國不以禮命於諸侯苟不以禮豈可量也寡君既共命焉其老豈敢棄其國大伯端委以治周禮仲雍嗣之斷髮文身贏以爲飾豈禮也哉有由然

語陳

亦陳

此禹語稍陗

也反自鄫以吳爲無能爲也
秋公伐邾八月己酉入邾以邾子益來
季康子欲伐邾乃饗大夫以謀之子服景伯曰
小所以事大信也大所以保小仁也背大國不
信伐小國不仁民保於城城保於德失二德者
危將焉保孟孫曰二三子以爲何如惡賢而逆
之對曰禹合諸侯於塗山執玉帛者萬國今其
存者無數十焉唯大不字小小不事大也知必
危何故不言魯德如邾而以衆加之可乎不樂

議論有餘

而出秋伐邾及范門猶聞鐘聲大夫諫不聽茅成子請告於吳不許曰魯擊柝聞於邾吳二千里不三月不至何及於我且國內豈不足成子以茅叛師遂入邾處其公宮衆師晝掠邾衆保于繹師宵掠以邾子益來獻于亳社囚諸負瑕負瑕故有繹邾茅夷鴻以束帛乘韋自請救於吳曰魯弱晉而遠吳馮恃其衆而背君之盟辟君之執事以陵我小國邾非敢自愛也懼君威之不立君威之不立小國之憂也若夏盟於鄫

衍秋而背之成求而不違四方諸侯其何以事
君且魯賦八百乘君之貳也邾賦六百乘君之
私也以私奉貳唯君圖之吳子從之
宋人圍曹　冬鄭駟弘帥師救曹
宋人圍曹鄭桓子思曰宋人有曹鄭之患也不
可以不救冬鄭師救曹侵宋初曹人或夢衆君
子立于社宮而謀亡曹曹叔振鐸請待公孫彊
許之旦而求之曹無之戒其子曰我死爾聞公
孫彊爲政必去之及曹伯陽即位好田弋曹鄙

人公孫彊好弋獲白鴈獻之且言田弋之説説之因訪政事大説之有寵使爲司城以聽政夢者之子乃行彊言霸説於曹伯曹伯從之乃背晉而奸宋宋人伐之晉人不救築五邑於其郊曰黍丘揖丘大城鍾邗

八年春王正月宋公入曹以曹伯陽歸

八年春宋公伐曹將還褚師子肥殿曹人詬之不行師待之公聞之怒命反之遂滅曹執曹伯及司城彊以歸殺之

敘事詳核鄭御有情

一波內一折

頗似禮經調法

兩語隋甚

二波

吳伐我

吳爲邾故將伐魯問於叔孫輒叔孫輒對曰魯有名而無情伐之必得志焉退而告公山不狃公山不狃曰非禮也君子違不適讐國未臣而有伐之奔命焉死之可也所託也則隱且夫人之行也不以所惡廢鄉今子以小惡而欲覆宗國不亦難乎若使子率子必辭王將使我子張病之王問於子洩對曰魯雖無與立必有與斃諸侯將救之未可以得志焉晉與齊楚輔之是

三波內一折　四波　五波　六波內一折

四讐也夫魯齊晉之脣脣亡齒寒君所知也不
救何爲三月吳伐我子洩率故道險從武城初
武城人或有因於吳竟田焉拘鄫人之漚菅者
曰何故使吾水滋及吳師至拘者道之以伐武
城克之王犯嘗爲之宰澹臺子羽之父好焉國
人懼懿子謂景伯若之何對曰吳師來斯與之
戰何患焉且召之而至又何求焉吳師克東陽
而進舍於五梧明日舍於蠶室公賓庚公甲叔
子與戰于夷獲叔子與析朱鉏獻於王王曰此

七波內一折

八波內一折

細玩此事似是議定景伯爲質我以論弗見從媿于辟行故負載出請大夫斷于景伯故請擇之姑曹是

同車必使能國未可望也明日舍于庚宗遂次於泗上微虎欲宵攻王舍私屬徒七百人三踊於幕庭卒三百人有若與焉及稷門之內或謂季孫曰不足以害吳而多殺國士不如已也乃止之吳子聞之一夕三遷吳人行成將盟景伯曰楚人圍宋易子而食析骸而爨猶無城下之盟我未及虧而有城下之盟是弃國也吳輕而遠不能久將歸矣請少待之弗從景伯負載造於萊門乃請釋子服何於吳吳人許之以王子

讀釋註脚初看若無回細看乃明此是筆法最有致

姑曹當之而後止吳人盟而還

夏齊人取讙及闡

齊悼公之來也季康子以其妹妻之即位而逆之季魴侯通焉女言其情弗敢與也齊侯怒夏五月齊鮑牧帥師伐我取讙及闡

○或譖胡姬於齊侯曰安孺子之黨也六月齊侯殺胡姬

歸邾子益于邾

齊侯使如吳請師將以伐我乃歸邾子邾子又

無道吳子使大宰子餘討之囚諸樓臺栫之以棘使諸大夫奉大子革以爲政

秋七月

○秋及齊平九月臧賓如如齊涖盟齊閭丘明來涖盟且逆季姬以歸嬖

○鮑牧又謂羣公子曰使女有馬千乘乎公子愬之公謂鮑子或譖子子姑居於潞以察之若有之則分室以行若無之則反子之所出門使以三分之一行半道使以二乘及潞麇之以入遂

殺之

冬十有二月癸亥杞伯過卒

齊人歸讙及闡

冬十二月齊人歸讙及闡季姬嬖故也

九年春王二月葬杞僖公

○九年春齊侯使公孟綽辭師于吳吳子曰昔歲寡人聞命今又革之不知所從將進受命於君

宋皇瑗帥師取鄭師于雍丘

鄭武子賸之嬖許瑕求邑無以與之請外取許

壘統其師將久之則壘合矣此亦如鎖城法然多少事情都只以每日遷舍四字盡之何其簡妙

之故圍宋雍丘宋皇瑗圍鄭師每日遷舍壘合鄭師哭于姚救之大敗二月甲戌宋取鄭師于雍丘使有能者無死以郟張與鄭羅歸

微意妙句

夏楚人伐陳

夏楚人伐陳陳即吳故也

秋宋公伐鄭

宋公伐鄭

○秋吳城邗溝通江淮

○晉趙鞅卜救鄭遇水適火占諸史趙史墨史龜

一卜三論旨同而取義異固自有態

史龜曰是謂沈陽可以興兵利以伐姜不利子商伐齊則可敵宋不吉史墨曰盈水名也子水位也名位敵不可干也炎帝爲火師姜姓其後也水勝火伐姜則可史趙曰是謂如川之滿不可游也鄭方有罪不可救也救鄭則不吉不知其他陽虎以周易筮之遇泰䷊之需䷄曰宋方吉不可與也微子啟帝乙之元子也宋鄭甥舅也祉祿也若帝乙之元子歸妹而有吉祿我安得吉焉乃止

冬十月

○冬吳子使來儆師伐齊

十年春王二月邾子益來奔

十年春邾隱公來奔齊甥也故遂奔齊

公會吳伐齊　三月戊戌齊侯陽生卒

公會吳子邾子郯子伐齊南鄙師于鄎齊人弒悼公赴于師吳子三日哭于軍門之外徐承帥舟師將自海入齊齊人敗之吳師乃還

夏宋人伐鄭

晉趙鞅帥師侵齊

夏趙鞅帥師伐齊大夫請卜之趙孟曰吾卜於
此起兵事不再令卜不襲吉行也於是乎取犂
及轅毀高唐之郭侵及賴而還

五月公至自伐齊

葬齊悼公

衛公孟彄自齊歸于衛

薛伯夷卒

秋葬薛惠公

議論紛爭相穿插斷續出奇制勝章法奇妙

○秋吳子使來復儆師

冬楚公子結帥師伐陳吳救陳

冬楚子期伐陳吳延州來季子救陳謂子期曰二君不務德而力爭諸侯民何罪焉我請退以爲子名務德而安民乃還

十有一年春齊國書帥師伐我

十一年春齊爲鄎故國書高無丕帥師伐我及清季孫謂其宰冉求曰齊師在清必魯故也若之何求曰一子守二子從公禦諸竟季孫曰不

左氏辭戰國調

㪅一意妙

能求曰居封疆之間季孫告二子二子不可求曰若不可則君無出一子帥師背城而戰不屬者非魯人也魯之羣室衆於齊之兵車一室敵車優矣子何患焉二子之不欲戰也宜政在季氏當子之身齊人伐魯而不能戰子之恥也大不列於諸侯矣季孫使從於朝俟於黨氏之溝武叔呼而問戰焉對曰君子有遠慮小人何知懿子強問之對曰小人慮材而言量力而共者也武叔曰是謂我不成丈夫也退而蒐乘孟孺

此即唐牙兵今家兵之類

旁捧

子洩帥右師顏羽御邴洩爲右冉求帥左師管周父御樊遲爲右季孫曰須也弱有子曰就用命焉季氏之甲七千冉有以武城人三百爲已徒卒老幼守宮次于雩門之外五日右師從之公叔務人見保者而泣曰事充政重上不能謀士不能死何以治民吾旣言之矣敢不勉乎師及齊師戰于郊齊師自稷曲師不踰溝樊遲曰非不能也不信子也請三刻而踰之如之衆從之師入齊軍右師奔齊人從之陳瓘陳莊涉泗

積及與晏子同哀公欲戰牟勇于殺晏嬰一二人慶譽之然皆隐之在此

用孔子之語作斷意教勖也

孟之側後入以爲殿抽矢策其馬曰馬不進也林不狃之伍曰走乎不狃曰誰不如曰然則止乎不狃曰惡賢徐步而死師獲甲首八十齊人不能師宵諜曰齊人遁冉有請從之三季孫弗許孟孺子語人曰我不如顏羽而賢於邴洩子羽銳敏我不欲戰而能默洩曰驅之公爲與其嬖僮汪錡乘皆死皆殯孔子曰能執干戈以衞社稷可無殤也冉有用矛於齊師故能入其軍孔子曰義也

夏陳轅頗出奔鄭

夏陳轅頗出奔鄭初轅頗爲司徒賦封田以嫁公女有餘以爲己大器國人逐之故出道渴其族轅咺進稻醴粱糗腶脯焉喜曰何其給也對曰器成而具曰何不吾諫對曰懼先行

五月公會吳伐齊

甲戌齊國書帥師及吳戰于艾陵齊師敗績獲齊國書

爲郊戰故公會吳子伐齊五月克博壬申至于嬴中軍從王胥門巢將上軍王子姑曹將下軍

總只是必死意而或說或揚或斷遠斂得種種不同層見疊出有色有態絕工妙

展如將右軍齊國書將中軍高無丕將上軍宗樓將下軍陳僖子謂其弟書爾死我必得志宗子陽與閭丘明相厲也桑掩胥御國子公孫夏曰二子必死將戰公孫夏命其徒歌虞殯陳子行命其徒具含玉公孫揮命其徒曰人尋約吳髮短東郭書曰三戰必死於此三矣使問弦多以琴曰吾不復見子矣陳書曰此行也吾聞鼓而已不聞金矣甲戌戰于艾陵展如敗高子國子敗胥門巢王卒助之大敗齊師獲國書公孫

餘波

使下國禿不成何國語作吳辭曰何以使下國賦此國下或有脫字

夏閭丘明陳書東郭書革車八百乘甲首三千以獻于公將戰吳子呼叔孫曰而事何也對曰從司馬王賜之甲劒鈹曰奉爾君事敬無廢命叔孫未能對衛賜進曰州仇奉甲從君而拜公使大史固歸國子之元寘之新篋褽之以玄纁加組帶焉寘書于其上曰天若不識不衷何以使下國

○吳將伐齊越子率其衆以朝焉王及列士皆有餽賂吳人皆喜唯子胥懼曰是豢吳也夫諫曰

簡淨亦有節奏

越在我心腹之疾也壤地同而有欲於我夫其柔服求濟其欲也不如早從事焉得志於齊猶獲石田也無所用之越不爲沼吳其泯矣使醫除疾而曰必遺類焉者未之有也盤庚之誥曰其有顛越不共則劓殄無遺育無俾易種于茲邑是商所以興也今君易之將以求大不亦難乎弗聽使於齊屬其子於鮑氏爲王孫氏反役王聞之使賜之屬鏤以死將死曰樹吾墓檟檟可材也吳其亡乎三年其始弱矣盈必毀天之

路提綱敘法在左氏亦僅見此瑣碎事而敘得詳盡下筆甚淨又有精點不枯淡儘堪玩味

道也

秋七月辛酉滕子虞母卒

秋季孫命脩守備曰小勝大禍也齊至無日矣

冬十有一月葬滕隱公

衛世叔齊出奔宋

冬衛大叔疾出奔宋初疾娶于宋子朝其娣嬖子朝出孔文子使疾出其妻而妻之疾使侍人誘其初妻之娣寘於犁而為之一宮如二妻文子怒欲攻之仲尼止之遂奪其妻或淫于外州

夏戊疑是悼子之甥頃云生悼子及一女女適夏氏乃明前已有欲改此之字則此處不宜又誤

外州人奪之軒以獻恥是二者故出衛人立遺使室孔姞疾臣向魋納美珠焉與之城鉏宋公求珠魋不與由是得罪及桓氏出城鉏人攻大叔疾衛莊公復之使處巢死焉殯於鄖葬於少禘初晉悼公子慭亡在衛使其女僕而田大叔懿子止而飲之酒遂聘之生悼子悼子即位故夏戊爲大夫悼子亡衛人翦夏戊孔文子之將攻大叔也訪於仲尼仲尼曰胡簋之事則嘗學之矣甲兵之事未之聞也退命駕而行曰鳥則

此應是刊削未盡

俱是雙關意作兩層說

擇木木豈能擇鳥文子遽止之曰圉豈敢度其私訪衛國之難也將止魯人以幣召之乃歸

○季孫欲以田賦使冉有訪於仲尼仲尼曰丘不識也三發卒曰子爲國老待子而行若之何子之不言也仲尼不對而私於冉有曰君子之行也度於禮施取其厚事舉其中斂從其薄如是則以丘亦足矣若不度於禮而貪冒無厭則雖以田賦將又不足且子季孫若欲行而法則周公之典在若欲苟而行又何訪焉弗聽

十有二年春用田賦

十二年春王正月用田賦

夏五月甲辰孟子卒

夏五月昭夫人孟子卒昭公娶于吳故不書姓死不赴故不稱夫人不反哭故不言葬小君孔子與弔適季氏季氏不絻放經而拜

公會吳于橐皋

公會吳于橐皋吳子使大宰嚭請尋盟公不欲使子貢對曰盟所以周信也故心以制之玉帛

以奉之言以結之明神以要之寡君以爲苟有盟焉弗可改也已若猶可改日盟何益今吾子曰必尋盟若可尋也亦可寒也乃不尋盟

秋公會衞侯宋皇瑗于鄖

吳徵會于衞初衞人殺吳行人且姚而懼謀於行人子羽子羽曰吳方無道無乃辱吾君不如止也子木曰吳方無道國無道必弃疾於人吳雖無道猶足以患衞往也長木之斃無不摽也國狗之瘈無不噬也而況大國乎秋衞侯會吳

與苗賁皇論晏桓子兩意而調不同此調跳快頗近戰國

于鄖公及衛侯宋皇瑗盟而卒辭吳盟吳人藩衛侯之舍子服景伯謂子貢曰夫諸侯之會事既畢矣侯伯致禮地主歸餼以相辭也今吳不行禮於衛而藩其君舍以難之子盍見大宰乃請束錦以行語及衛故大宰嚭曰寡君願事衛君衛君之來也緩寡君懼故將止之子貢曰衛君之來必謀於其衆其衆或欲或否是以緩來其欲來者子之黨也其不欲來者子之讐也若執衛君是墮黨而崇讐也夫墮子者得其志矣

且合諸侯而執衛君誰敢不懼墮黨崇讐而懼諸侯或者難以霸乎大宰嚭說乃舍衛侯衛侯歸效夷言子之尚幼曰君必不免其死於夷乎執焉而又說其言從之固矣

宋向巢帥師伐鄭

冬十有二月螽

冬十二月螽季孫問諸仲尼仲尼曰丘聞之火伏而後蟄者畢今火猶西流司歷過也

○宋鄭之閒有隙地焉曰彌作頃丘玉暢嵒戈錫

子產與宋人爲成曰勿有是及宋平元之族自
蕭奔鄭鄭人爲之城嵒戈錫九月宋向巢伐鄭
取錫殺元公之孫遂圍嵒十二月鄭罕達救嵒
丙申圍宋師
十有三年春鄭罕達帥師取宋師于嵒
十三年春宋向魋救其師鄭子賸使徇曰得桓
魋者有賞魋也逃歸遂取宋師于嵒獲成讙郜
延以六邑爲虛
夏許男成卒

公會晉侯及吳子于黃池

夏公會單平公晉定公吳夫差于黃池

楚公子申帥師伐陳

於越入吳

六月丙子越子伐吳爲二隧疇無餘謳陽自南方先及郊吳大子友王子地王孫彌庸壽於姚自泓上觀之彌庸見姑蔑之旗曰吾父之旗也不可以見讐而弗殺也大子曰戰而不克將亡國請待之彌庸不可屬徒五千王子地助之乙

此戰事大略

簡閒

數語甚勁有力

酉戰彌庸獲疇無餘地獲謳陽越子至王子地守丙戌復戰大敗吳師獲大子友王孫彌庸壽於姚丁亥入吳吳人告敗于王王惡其聞也自剄七人於幕下

秋公至自會

○秋七月辛丑盟吳晉爭先吳人曰於周室我爲長晉人曰於姬姓我爲伯趙鞅呼司馬寅曰日旰矣大事未成二臣之罪也建鼓整列二臣死之長幼必可知也對曰請姑視之反曰肉食者

崢　句下有建瓴水之勢　錚句勁有力

無墨今吳王有墨國勝乎大子死乎且夷德輕不忍久請少待之乃先晉人吳人將以公見晉侯子服景伯對使者曰王合諸侯則伯帥侯牧以見於王伯合諸侯則侯帥子男以見於伯自王以下朝聘玉帛不同故敝邑之職貢於吳有豐於晉無不及焉以爲伯也今諸侯會而君將以寡君見晉君則晉成爲伯矣敝邑將改職貢魯賦於吳八百乘若爲子男則將半邾以屬於吳而如邾以事晉且執事以伯召諸侯而以侯

亦淨　絶工

終之何利之有焉吳人乃止既而悔之將囚景伯景伯曰何也立後於魯矣將以二乘與六人從遲速唯命遂囚以還及戶牖謂大宰曰魯將以十月上辛有事於上帝先王季辛而畢何世有職焉自襄以來未之改也若不會祝宗將曰吳實然且謂魯不共而執其賤者七人何損焉大宰嚭言於王曰無損於魯而祇為名不如歸之乃歸景伯吳申叔儀乞糧於公孫有山氏曰佩玉縈兮余無所繫之旨酒一盛兮余與褐之

父覡之對曰梁則無矣麤則有之若登首山以
呼曰庚癸乎則諾王欲伐宋殺其丈夫而囚其
婦人大宰嚭曰可勝也而弗能居也乃歸
晉魏曼多帥師侵衞
葬許元公
九月螽
冬十有一月有星孛于東方
盜殺陳夏區夫
十有二月螽

左傳後半部筆漸冗稍率然亦間有精勁者大約前數句佳則到底佳總是原本來工拙不同定公末年弱甚此哀公上下卷却更精勁饒神色且叙事多備西狩此係左公目睹事蹟即左公自叙也

○冬吳及越平

十有四年春西狩獲麟

十四年春西狩於大野叔孫氏之車子鉏商獲麟以為不祥以賜虞人仲尼觀之曰麟也然後取之

續經傳

小邾射以句繹來奔

小邾射以句繹來奔曰使季路要我吾無盟矣使子路子路辭季康子使冉有謂之曰千乘之

敘事亦明淨然一直去稍近史漢

國不信其盟而信子之言子何辱焉對曰魯有事于小邾不敢問故死其城下可也彼不臣而濟其言是義之也由弗能

夏四月齊陳恒執其君寘于舒州

齊簡公之在魯也闞止有寵焉及即位使爲政陳成子憚之驟顧諸朝諸御鞅言於公曰陳闞不可並也君其擇焉弗聽子我夕陳逆殺人逢之遂執以入陳氏方睦使疾而遺之潘沐備酒肉焉饗守囚者醉而殺之而逃子我盟諸陳於

敘狀貌着無處添然想見當時相告語意態固自有色

敘諸人語俱以簡腴

陳宗初陳豹欲爲子我臣使公孫言已已有喪而止旣而言之曰有陳豹者長而上僂望視事君子必得志欲爲子臣吾憚其爲人也故緩以告子我曰何害是其在我也使爲臣他日與之言政說遂有寵謂之曰我盡逐陳氏而立女若何對曰我遠於陳氏矣且其違者不過數人何盡逐焉遂告陳氏子行曰彼得君弗先必禍子子行舍於公宮夏五月壬申成子兄弟四乘如公子我在幄出逆之遂入閉門侍人禦之子行

殺侍人公與婦人飲酒于檀臺成子遷諸寢公執戈將擊之大史子餘曰非不利也將除害也成子出舍于庫聞公猶怒將出曰何所無君子行抽劍曰需事之賊也誰非陳宗所不殺子者有如陳宗乃止子我歸屬徒攻闈與大門皆不勝乃出陳氏追之失道於弇中適豐丘豐丘人執之以告殺諸郭關成子將殺大陸子方陳逆請而免之以公命取車於道及耏衆知而東之出雍門陳豹與之車弗受曰逆爲余請豹與余

江文通詣建平王書何以見齊魯奇節之人燕趙悲歌之士乎本此

消即亳高書大傳夏入歃[illegible]

車余有私焉事子我而有私於其讐何以見魯衞之士東郭賈奔衞庚辰陳恒執公于舒州公曰吾早從鞅之言不及此

庚戌叔還卒

五月庚申朔日有食之

陳宗豎出奔楚

宋向魋入于曹以叛

宋桓魋之寵害於公公使夫人驟請享焉而將討之未及魋先謀公請以鞌易薄公曰不可薄

曲在

答語工絕即是口頭語而錬得入妙

周折極多

宗邑也乃益鞌七邑而請享公焉以日中為期家備盡往公知之告皇野曰余長魋也今將禍余請卽救司馬子仲曰有臣不順神之所惡也而況人乎敢不承命不得左師不可請以君命召之左師每食擊鐘聞鐘聲公曰夫子將食旣食又奏公曰可矣以乘車往曰迹人來告曰逢澤有介麋焉公曰雖魋未來得左師吾與之田若何君憚告子野曰嘗私焉君欲速故以乘車逆子與之乘至公告之故拜不能起司馬曰君

與之言公曰所難子者上有天下有先君對曰
魋之不共宋之禍也敢不唯命是聽司馬請瑞
焉以命其徒攻桓氏其父兄故臣曰不可其新
臣曰從吾君之命遂攻之子頎騁而告桓司馬
司馬欲入子車止之曰不能事君而又伐國民
不與也祇取死焉向魋遂入于曹以叛

莒子狂卒

六月宋向魋自曹出奔衞宋向巢來奔

六月使左師巢伐之欲質大夫以入焉不能亦

敘至此猶有許多委曲

入于曹取質魋曰不可既不能事君又得罪于民將若之何乃舍之民遂叛之向魋奔衛向巢來奔宋公使止之曰寡人與子有言矣不可以絕向氏之祀辭曰臣之罪大盡滅桓氏可也若以先臣之故而使有後君之惠也若臣則不可以入矣司馬牛致其邑與珪焉而適齊向魋出於衛地公文氏攻之求夏后氏之璜焉與之他玉而奔齊陳成子使爲次卿司馬牛又致其邑焉而適吳吳人惡之而反趙簡子召之陳成子

亦召之卒於魯郭門之外阬氏葬諸丘輿

齊人弑其君壬于舒州

甲午齊陳恒弑其君壬于舒州孔丘三日齊而請伐齊三公曰魯爲齊弱久矣子之伐之將若之何對曰陳恒弑其君民之不與者半以魯之衆加齊之半可克也公曰子告季孫孔子辭退而告人曰吾以從大夫之後也故不敢不言

秋晉趙鞅帥師伐衞

八月辛丑仲孫何忌卒

初孟孺子洩將圉馬於成成宰公孫宿不受曰孟孫爲成之病不圉馬焉孺子怒襲成從者不得入乃反成有司使孺子鞭之秋八月辛丑孟懿子卒成人奔喪弗內袒免哭于衢聽共弗許懼不歸

冬陳宗豎自楚復入于陳陳人殺之

陳轅買出奔楚

有星孛

饑

辭命

十有五年春王正月成叛

十五年春成叛于齊武伯伐成不克遂城輸

夏五月齊高無丕出奔北燕

鄭伯伐宋

○夏楚子西子期伐吳及桐汭陳侯使公孫貞子弔焉及良而卒將以尸入吳子使大宰嚭勞且辭曰以水潦之不時無乃廪然隕大夫之尸以重寡君之憂寡君敢辭上介芋尹蓋對曰寡君聞楚爲不道薦伐吳國滅厥民人寡君使蓋備

撰得工調古而色新

此句是一篇警策然却是辭命常語

此後勢略緩然却無一語懈

使弔君之下吏無祿使人逢天之慼大命隕隊絕世于良廢日共積一日遷次今君命逆使人曰無以尸造于門是我寡君之命委于草莽也且臣聞之曰事死如生禮也於是乎有朝聘而終以尸將事之禮又有朝聘而遭喪之禮若不以尸將命是遭喪而還也無乃不可乎以禮防民猶或踰之今大夫曰死而弃之是弃禮也其何以爲諸侯主先民有言曰無穢虐士備使奉尸將命苟我寡君之命達于君所雖隕于深淵

則天命也非君與涉人之過也吳人內之

秋八月大雩

晉趙鞅帥師伐衛

冬晉侯伐鄭

及齊平

秋齊陳瓘如楚過衛仲由見之曰天或者以陳氏爲斧斤既斲喪公室而他人有之不可知也其使終饗之亦不可知也若善魯以待時不亦可乎何必惡焉子玉曰然吾受命矣子使告我

是議論之辭
命以緊湊勝

弟冬及齊平子服景伯如齊子贛爲介見公孫
成曰人皆臣人而有背人之心況齊人雖爲子
役其有不貳乎子周公之孫也多饗大利猶思
不義利不可得而喪宗國將焉用之成曰善哉
吾不早聞命陳成子館客曰寡君使恒告曰寡
人願事君如事衛君景伯揖子贛而進之對曰
寡君之願也昔晉人伐衛齊爲衛故伐晉冠氏
喪車五百因與衛地自濟以西禚媚杏以南書
社五百吳人加敝邑以亂齊因其病取讙與闡

寡君是以寒心若得視衛君之事君也則固所願也成子病之乃歸成公孫宿以其兵甲入于嬴

衛公孟彄出奔齊

○衛孔圉取大子蒯聵之姊生悝孔氏之豎渾良夫長而美孔文子卒通於內大子在戚孔姬使之焉大子與之言曰苟使我入獲國服冕乘軒三死無與與之盟爲請於伯姬閏月良夫與大子入舍於孔氏之外圃昏二人蒙衣而乘寺人

召獲不知是何人當是欒寧一面告仲召一面駕車奉衛侯出奔觀將飲未熟及行食字可見不則獲是典車者名寧召之駕車杜註召獲衛大夫

羅御如孔氏孔氏之老欒寧問之稱姻妾以告遂入適伯姬氏既食孔伯姬杖戈而先大子與五人介輿豭從之迫孔悝於廁強盟之遂劫以登臺欒寧將飲酒炙未熟聞亂使告季子召獲駕乘車行爵食炙奉衛侯輒來奔季子將入遇子羔將出曰門已閉矣季子曰吾姑至焉子羔曰弗及不踐其難季子曰食焉不辟其難子羔遂出子路入及門公孫敢門焉曰無入為也季子曰是公孫也求利焉而逃其難由不然利其祿

必救其患有使者出乃入曰大子焉用孔悝雖殺之必或繼之且曰大子無勇若燔臺半必舍孔叔大子聞之懼下石乞盂黶敵子路以戈擊之斷纓子路曰君子死冠不免結纓而死孔子聞衛亂曰柴也其來由也死矣孔悝立莊公莊公害故政欲盡去之先謂司徒瞞成曰寡人離病於外久矣子請亦嘗之歸告褚師比欲與之伐公不果

十有六年春王正月巳卯衛世子蒯聵自戚入于

辭命

衛衛侯輒來奔

二月衛子還成出奔宋

十六年春瞞成褚師比出奔宋

○衛侯使鄢武子告于周曰蒯聵得罪于君父君母逋竄于晉晉以王室之故不弃兄弟寘諸河上天誘其衷獲嗣守封焉使下臣肸敢告執事王使單平公對曰肸以嘉命來告余一人往謂叔父余嘉乃成世復爾祿次敬之哉方天之休弗敬弗休悔其可追

古隋之盐

夏四月己丑孔丘卒

夏四月己丑孔丘卒公誄之曰旻天不弔不憖遺一老俾屏余一人以在位煢煢余在疚嗚呼哀哉尼父無自律子贛曰君其不沒於魯乎夫子之言曰禮失則昏名失則愆失志爲昏失所爲愆生不能用死而誄之非禮也稱一人非名也君兩失之

○六月衛侯飲孔悝酒於平陽重酬之大夫皆有納焉醉而送之夜半而遣之載伯姬於平陽而

太奇

是一白公傳

當云請期而約乃順却乃顛倒其字古人文每如此

行及西門使二車反祏於西圃子伯季子初爲孔氏臣新登于公請追之遇載祏者殺而乘其車許公爲反祏遇之曰與不仁人爭明無不勝必使先射射三發皆遠許爲許爲射之殪或以其車從得祏於橐中孔悝出奔宋

○楚大子建之遇讒也自城父奔宋又辟華氏之亂於鄭鄭人甚善之又適晉與晉人謀襲鄭乃求復焉鄭人復之如初晉人使諜於子木請行而期焉子木暴虐於其私邑邑人訴之鄭人省

白公自好奇其爭乃御之有奇

之得晉諜焉遂殺子木其子曰勝在吳子西欲
召之葉公曰吾聞勝也詐而亂無乃害乎子西
曰吾聞勝也信而勇不爲不利舍諸邊竟使衛
藩焉葉公曰周人之謂信率義之謂勇吾聞勝
也好復言而求死士殆有私乎復言非信也期
死非勇也子必悔之弗從召之使處吳竟爲白
公請伐鄭子西曰楚未節也不然吾不忘也他
日又請許之未起師晉人伐鄭楚救之與之盟
勝怒曰鄭人在此讎不遠矣勝自厲劒子期之

太奇

此事三奇直云奇子西不信奇勝又揚言奇

此事亦三奇當五百奇辭不動奇料其不減奇

人奇事奇矣得環有此奇論方配得宜僚過

子平見之曰王孫何自厲也曰勝以直聞不告女庸爲直乎將以殺爾父平以告子西子西曰勝如卵余翼而長之楚國第我死令尹司馬非勝而誰勝聞之曰令尹之狂也得死乃非我子西不悛勝謂石乞曰王與二卿士皆五百人當之則可矣乞曰不可得也曰市南有熊宜僚者若得之可以當五百人矣乃從白公而見之與之言說告之故辭承之以劍不動勝曰不爲利諂不爲威惕不洩人言以求媚者去之吳人伐

文有此兩奇

逆入奇

愼白公敗之請以戰備獻許之遂作亂秋七月殺子西子期于朝而刼惠王子西以袂掩面而死子期曰昔者吾以力事君不可以弗終抉豫章以殺人而後死石乞曰焚庫弑王不然不濟白公曰不可弑王不祥焚庫無聚將何以守矣乞曰有楚國而治其民以敬事神可以得祥且有聚矣何患弗從葉公在蔡方城之外皆曰可以入矣子高曰吾聞之以險徼幸者其求無饜偏重必離聞其殺齊管脩也而後入白公欲以

乃胄乃免胄奇

兩節語奇絕之甚真神品

論奇妙狀貌又更奇

與論比前更深至更婉曲

子閭爲王子子閭不可遂劫以兵子閭曰王孫若安靖楚國匡正王室而後庇焉啓之願也敢不聽從若將專利以傾王室不顧楚國有死不能遂殺之而以王如高府石乞尹門圉公陽穴宮負王以如昭夫人之宮葉公亦至及北門或遇之曰君胡不胄國人望君如望慈父母焉盜賊之矢若傷君是絕民望也若之何不胄乃胄而進又遇一人曰君胡胄國人望君如望歲焉日日以幾若見君面是得艾也民知不死其亦夫

前段又更遒勁有筆力然非得前論相映襯亦何以見其神絶

不諱知而堅不言甘受烹奇

讀有此石乞一奇方足完結白公事又完葉公事兼二事老於

有奮心猶將旌君以徇於國而又掩面以絕民望不亦甚乎乃免胄而進遇箴尹固帥其屬將與白公子高曰微二子者楚不國矣弃德從賊其可保乎乃從葉公使與國人以攻白公白公奔山而縊其徒微之生拘石乞而問白公之死焉對曰余知其死所而長者使余勿言曰不言將烹乞曰此事也克則爲卿不克則烹固其所也何害乃烹石乞王孫燕奔頯黃氏沈諸梁兼二事國寧乃使寧爲令尹使寬爲司馬而老於

不說所左右
有醞藉

葉

○衛侯占夢嬖人求酒於大叔僖子不得與卜人比而告公曰君有大臣在西南隅弗去懼害乃逐大叔遺遺奔晉

○衛侯謂渾良夫曰吾繼先君而不得其器若之何良夫代執火者而言曰疾與亡君皆君之子也召之而擇材焉可也若不材器可得也豎告大子大子使五人輿豭從己劫公而強盟之且請殺良夫公曰其盟免三死曰請三之後有罪

諾哉是口允
而心不允

其法可玩如
有簡法

殺之公曰諾哉

○十七年春衛侯爲虎幄於藉圃成求令名者而與之始食焉大子請使良夫良夫乘衷甸兩牡紫衣狐裘至袒裘不釋劍而食大子使牽以退數之以三罪而殺之

○三月越子伐吳吳子禦之笠澤夾水而陳越子爲左右句卒使夜或左或右鼓譟而進吳師分以禦之越子以三軍潛涉當吳中軍而鼓之吳師大亂遂敗之

椓字新然說
太生

○晉趙鞅使告于衛曰君之在晉也志父爲主請君若大子來以免志父不然寡君其曰志父之爲也衛侯辭以難大子又使椓之夏六月趙鞅圍衛齊國觀陳瓘救衛得晉人之致師者子玉使服而見之曰國子實執齊柄而命瓘曰無辟晉師豈敢廢命子又何辱簡子曰我卜伐衛未卜與齊戰乃還

○楚白公之亂陳人恃其聚而侵楚楚既寧將取陳麥楚子問帥於大師子穀與葉公諸梁子穀

曰右領差車與左史老皆相令尹司馬以伐陳其可使也子高曰率賤民慢之懼不用命焉子穀曰觀丁父鄀俘也武王以爲軍率是以克州蓼服隨唐大啟羣蠻彭仲爽申俘也文王以爲令尹實縣申息朝陳蔡封畛於汝唯其任也何賤之有子高曰天命不諂令尹有憾於陳天若亡之其必令尹之子是與君盍舍焉臣懼右領與左史有二俘之賤而無其令德也王卜之武城尹吉使帥師取陳麥陳人御之敗遂圍陳秋

碎敘儒有生色而色態尚未濃

七月巳卯楚公孫朝帥師滅陳王與葉公枚卜子良以爲令尹沈尹朱曰吉過於其志葉公曰王子而相國過將何爲他日改卜子國而使爲令尹

○衞侯夢于北宫見人登昆吾之觀被髮北面而譟曰登此昆吾之虚緜緜生之瓜余爲渾良夫叫天無辜公親筮之胥彌赦占之曰不害與之邑寘之而逃奔宋衞侯貞卜其繇曰如魚竀尾衡流而方羊裔焉大國滅之將亡闔門塞竇乃

自後踰冬十月晉復伐衛入其郛將入城簡子
曰止叔向有言曰怙亂滅國者無後衛人出莊
公而與晉平晉立襄公之孫般師而還十一月
衛侯自鄄入般師出初公登城以望見戎州問
之以告公曰我姬姓也何戎之有焉翦之公使
匠久公欲逐石圃未及而難作辛巳石圃因匠
氏攻公公閉門而請弗許踰于北方而隊折股
戎州人攻之大子疾公子青踰從公戎州人殺
之公入于戎州己氏初公自城上見己氏之妻

此節猶有風致

髮美使髡之以爲呂姜髢既入焉而示之璧曰活我吾與女璧己氏曰殺女璧其焉往遂殺之而取其璧衛人復公孫般師而立之十二月齊人伐衛衛人請平立公子起執般師以歸舍諸潞

○公會齊侯盟于蒙孟武伯相齊侯稽首公拜齊人怒武伯曰非天子寡君無所稽首武伯問於高柴曰諸侯盟誰執牛耳季羔曰鄫衍之役吳公子姑曹發陽之役衛石魋武伯曰然則彘也

○宋皇瑗之子麇有友曰田丙而奪其兄酁般邑以與之酁般慍而行告桓司馬之臣子儀克子儀克適宋告夫人曰麇將納桓氏公問諸子仲初子仲將以杞姒之子非我爲子麇曰必立伯也是良材子仲怒弗從故對曰右師則老矣不識麇也公執之皇瑗奔晉召之

○十八年春宋殺皇瑗公聞其情復皇氏之族使皇緩爲右師

○巴人伐楚圍鄾初右司馬子國之卜也觀瞻曰

簡有致

如志故命之及巴師至將卜帥王曰寧如志何卜焉使帥師而行請承王曰寢尹工尹勤先君者也三月楚公孫寧吳由于薳固敗巴師于鄾故封子國於析君子曰惠王知志夏書曰官占唯能蔽志昆命于元龜其是之謂乎志曰聖人不煩卜筮惠王其有焉

○夏衛石圃逐其君起起奔齊衛侯輒自齊復歸逐石圃而復石魋與大叔遺

○十九年春越人侵楚以誤吳也

○夏楚公子慶公孫寬追越師至冥不及乃還
○秋楚沈諸梁伐東夷三夷男女及楚師盟于敖
○冬叔青如京師敬王崩故也
○二十年春齊人來徵會夏會于廩丘爲鄭故謀
伐晉鄭人辭諸侯秋師還
○吳公子慶忌驟諫吳子曰不改必亡弗聽出居
于艾遂適楚聞越將伐吳冬請歸平越遂歸欲
除不忠者以說于越吳人殺之
○十一月越圍吳趙孟降於喪食楚隆曰三年之

辭命

即當前語

喪親暱之極也王又降之無乃有故乎趙孟曰黃池之役先主與吳王有質曰好惡同之今越圍吳嗣子不廢舊業而敵之非晉之所能及也吾是以爲降楚隆曰若使吳王知之若何趙孟曰可乎隆曰請嘗之乃往先造于越軍曰吳犯閒上國多矣聞君親討焉諸夏之人莫不欣喜唯恐君志之不從請入視之許之告于吳王曰寡君之老無恤使陪臣隆敢展謝其不共黃池之役君之先臣志父得承齊盟曰好惡同之今

西語隨思

君在難無恤不敢憚勞非晉國之所能及也使
陪臣敢展布之王拜稽首曰寡人不佞不能事
越以爲大夫憂拜命之辱與之一簞珠使問趙
孟曰句踐將生憂寡人寡人死之不得矣王曰
溺人必笑吾將有問也史黯何以得爲君子對
曰黯也進不見惡退無謗言王曰宜哉
○二十一年夏五月越人始來
○秋八月公及齊侯邾子盟于顧齊人責稽首因
歌之曰魯人之皐數年不覺使我高蹈唯其儒

辭命

一語固有

書以爲二國憂是行也公先至于陽穀齊閭丘息曰君辱舉玉趾以在寡君之軍羣臣將傳遽以告寡君比其復也君無乃勤爲僕人之未次請除館於舟道辭曰敢勤僕人

○二十二年夏四月邾隱公自齊奔越曰吳爲無道執父立子越人歸之大子革奔越

○冬十一月丁卯越滅吳請使吳王居甬東辭曰孤老矣焉能事君乃縊越人以歸

○二十三年春宋景曹卒季康子使冉有弔且送

葬曰敝邑有社稷之事使肥與有職競焉是以不得助執紼使求從輿人曰以肥之得備彌甥也有不腆先人之產馬使求薦諸夫人之宰其可以稱旌繁乎

○夏六月晉荀瑤伐齊高無丕帥師御之知伯視齊師馬駭遂驅之曰齊人知余旗其謂余畏而反也及壘而還將戰長武子請卜知伯曰君告于天子而卜之以守龜於宗祧吉矣吾又何卜焉且齊人取我英丘君命瑤非敢耀武也治英

丘也以辭伐罪足矣何必卜壬辰戰于犂丘齊
師敗績知伯親禽顏庚
○秋八月叔青如越始使越也越諸鞅來聘報叔
青也
○二十四年夏四月晉侯將伐齊使來乞師曰昔
臧文仲以楚師伐齊取穀宣叔以晉師伐齊取
汶陽寡君欲徼福於周公願乞靈於臧氏臧石
帥師會之取廩丘軍吏令繕將進萊章曰君卑
政暴往歲克敵今又勝都天奉多矣又焉能進

是躗言也役將班矣晉師乃還餼臧石牛大史謝之曰以寡君之在行牢禮不度敢展謝之

○邾子又無道越人執之以歸而立公子何何亦無道

○公子荊之母嬖將以爲夫人使宗人釁夏獻其禮對曰無之公怒曰女爲宗司立夫人國之大禮也何故無之對曰周公及武公娶於薛孝惠娶於商自桓以下娶於齊此禮也則有若以妾爲夫人則固無其禮也公卒立之而以荊爲大

亦是提綴敘法然此舊無經提綴顯秘經敘事細錄有致

于國人始惡之

○閏月公如越得大子適郢將妻公而多與之地公孫有山使告于季孫季孫懼使因大宰嚭而納賂焉乃止

○二十五年夏五月庚辰衛侯出奔宋衛侯為靈臺于藉圃與諸大夫飲酒焉褚師聲子韤而登席公怒辭曰臣有疾異於人若見之君將㱿之是以不敢公愈怒大夫辭之不可褚師出公戟其手曰必斷而足聞之褚師與司寇亥乘曰今

攢諸事成許叙略風致不乏而筆力跡健如意和且具序而賅

日幸而從亡公之入也奪南氏邑而奪司寇亥政公使侍人納公文懿子之車于池初衛人翦夏丁氏以其帑賜彭封彌子彌子飲公酒納夏戊之女嬖以爲夫人其弟期大叔疾之從孫甥也少畜於公以爲司徒夫人寵衰期得罪公使三匠久公使優狡盟拳彌而甚近信之故褚師比公孫彌牟公文要司寇亥司徒期因三匠與拳彌以作亂皆執利兵無者執斤使拳彌入于公宮而自大子疾之宮譟以攻公鄄子士請禦

三將適作皷
大有色態

之爾援其手曰子則勇矣將若君何不見先君
乎君何所不逞欲且君嘗在外矣豈必不反當
今不可衆怒難犯休而易間也乃出將適蒲彌
曰晉無信不可將適鄄彌曰齊晉爭我不可將
適泠彌曰魯不足與請適城鉏以鉤越越有君
乃適城鉏彌曰衛盜不可知也請速自我始乃
載寶以歸公爲支離之卒因祝史揮以侵衛衛
人病之懿子知之見子之請逐揮文子曰無罪
懿子曰彼好專利而妄夫見君之入也將先道

焉若逐之必出於南門而適君所夫越新得諸
侯將必請師焉揮在朝使吏遣諸其室揮出信
弗內五日乃館諸外里遂有寵使如越請師
○六月公至自越季康子孟武伯逆於五梧郭重
僕見二子曰惡言多矣君請盡之公宴於五梧
武伯爲祝惡郭重曰何肥也季孫曰請飲彘也
以魯國之密邇仇讎臣是以不獲從君克免於
大行又謂重也肥公曰是食言多矣能無肥乎
飲酒不樂公與大夫始有惡

○二十六年夏五月叔孫舒帥師會越皐如后庸宋樂茷納衛侯文子欲納之懿子曰君愎而虐少待之必毒於民乃睦於子矣師侵外州大獲出禦之大敗掘褚師定子之墓焚之于平莊之上文子使王孫齊私於皐如曰子將大滅衛乎抑納君而已乎皐如曰寡君之命無他納衛君而已文子致衆而問焉曰君以蠻夷伐國國幾亡矣請納之衆曰勿納曰彌牟亡而有益請自北門出衆曰勿出重賂越人申開守陴而納公

氣平而詳審
略亦動

公不敢入師還立悼公南氏相之以城鉏與越人公曰期則爲此令苟有怨於夫人者報之司徒期聘於越公攻而奪之幣期告王王命取之期以衆取之公怒殺期之甥之爲大子者遂卒于越

○宋景公無子取公孫周之子得與啟畜諸公宮未有立焉於是皇緩爲右師皇非我爲大司馬皇懷爲司徒靈不緩爲左師樂茷爲司城樂朱鉏爲大司寇六卿三族降聽政因大尹以達大

尹常不告而以其欲稱君命以令國人惡之司城欲去大尹左師曰縱之使盈其罪重而無基能無敝乎冬十月公游于空澤辛巳卒于連中大尹興空澤之士千甲奉公自空桐入如沃宮使召六子曰聞下有師君請六子畫六子至以甲劫之曰君有疾病請二三子盟乃盟于少寢之庭曰無爲公室不利大尹立啟奉喪殯于大宮三日而後國人知之司城茷使宣言于國曰大尹惑蠱其君而專其利今君無疾而死死又

此熙別似謂
各執一見難

匿之是無他矣大尹之罪也得夢啟北首而寢
於盧門之外已爲烏而集於其上咮加於南門
尾加於桐門曰余夢美必立大尹謀曰我不在
盟無乃逐我復盟之乎使祝爲載書六子在唐
盂將盟之祝襄以載書告皇非我皇非我因子
潞門尹得左師謀曰民與我逐之乎皆歸授甲
使徇于國曰大尹惑蠱其君以陵虐公室與我
者救君者也衆曰與之大尹徇曰戴氏皇氏將
不利公室與我者無憂不富衆曰無別戴氏皇

今別亂當從耳杜註恐其別今與君無別

只微衛事易見事口頭語

氏欲伐公欒得曰不可彼以陵公有罪我伐公則甚焉使國人施于大尹大尹奉啟以奔楚乃立得司城爲上卿盟曰三族共政無相害也

○衞出公自城鉏使以弓問子贛且曰吾其入乎子贛稽首受弓對曰臣不識也私於使者曰昔成公孫於陳甯武子孫莊子爲宛濮之盟而君入獻公孫於齊子鮮子展爲夷儀之盟而君入今君再在孫矣內不聞獻之親外不聞成之卿則賜不識所由入也詩曰無競惟人四方其順

之若得其人四方以爲主而國於何有

○二十七年春越子使后庸來聘且言邾田封于駘上二月盟于平陽三子皆從康子病之言及子贛曰若在此吾不及此夫武伯曰然何不召曰固將召之文子曰他日請念

○夏四月己亥季康子卒公弔焉降禮

○晉荀瑶帥師伐鄭次于桐丘鄭駟弘請救于齊齊師將興陳成子屬孤子三日朝設乘車兩馬繫五邑焉召顔涿聚之子晉曰隰之役而父死

焉以國之多難未女恤也今君命女以是邑也服車而朝毋廢前勞乃救鄭及留舒違穀七里穀人不知及濮雨不涉子思曰大國在敝邑之宇下是以告急今師不行恐無及也成子衣製杖戈立於阪上馬不出者助之鞭之知伯聞之乃還曰我卜伐鄭不卜敵齊使謂成子曰大夫陳子陳之自出陳之不祀鄭之罪也故寡君使瑤察陳衷焉謂大夫其恤陳乎若利本之顛瑤何有焉成子怒曰多陵人者皆不在知伯其能

今讀諧三不
[illegible]成不叶

久乎中行文子告成子曰有自晉師告寅者將爲輕車千乘以厭齊師之門則可盡也成子曰寡君命恒曰無及寡無畏衆雖過千乘敢辟之乎將以子之命告寡君文子曰吾乃今知所以亡君子之謀也始衷終皆舉之而後入焉今我三不知而入之不亦難乎

○公患三桓之侈也欲以諸侯去之三桓亦患公之妄也故君臣多間公游于陵阪遇孟武伯於孟氏之衢曰請有問於子余及死乎對曰臣無

由知之三問辛辭不對公欲以越伐魯而去三
桓秋八月甲戌公如公孫有陘氏因孫于邾乃
遂如越國人施公孫有山氏
○悼之四年晉荀瑤帥師圍鄭未至鄭駟弘曰知
伯愎而好勝早下之則可行也乃先保南里以
待之知伯入南里門于桔柣之門鄭人俘酅魁
壘賂之以知政閉其口而死將門知伯謂趙孟
入之對曰主在此知伯曰惡而無勇何以爲子
對曰以能忍恥庶無害趙宗乎知伯不悛趙襄

子由是甚知伯遂喪之知伯貪而愎故韓魏反而喪之

萬曆丙辰夏吳興閔齊華

閔齊伋閔象泰分次經傳

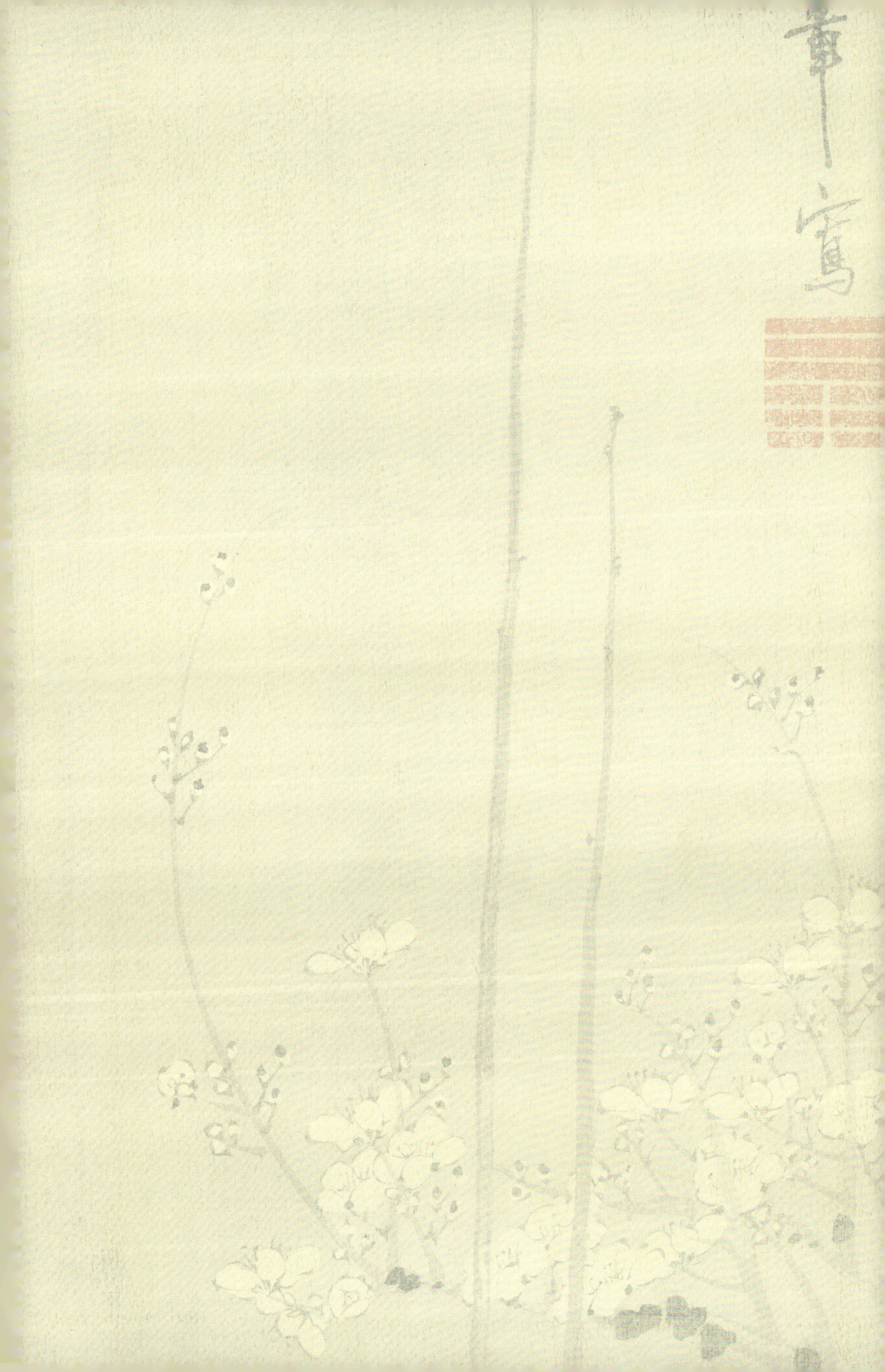